KB269363

개혁교회의 구원론

개혁교회의 구원론
– 의인과 성화를 중심으로

2012년 5월 17일 초판 1쇄 인쇄
2012년 5월 24일 초판 1쇄 발행

지은이 | 박동일
펴낸이 | 김영호
펴낸곳 | 도서출판 동연
등 록 | 제1-1383호(1992. 6. 12)
주 소 | 서울시 마포구 망원2동 472-11 2층
전 화 | (02)335-2630
전 송 | (02)335-2640
이메일 | ymedia@paran.com
홈페이지 www.y-media.co.kr

Copyright ⓒ 박동일, 2012

ISBN 978-89-6447-180-7 93200

개혁교회의 구원론

의인과 성화를 중심으로

박동일 지음

동연

머리말

목회는 신학을 필요로 한다. 목회자로서 교회 현장에서 끊임없이 부닥치는 신앙적인 물음들에 답하기 위해, 그리고 목회의 지평을 넓히기 위해 씨름하다보면, 여러 가지 연구서들을 손에서 뗄 수 없기 마련이다. 그렇지만 현실적으로 목회자의 안목을 열어주는 신학 연구서들을 접할 기회가 드물다. 그렇다고 목회와 더불어 신학을 본격적으로 연구하기에도 어려움이 많다. 토막 시간을 이어 붙이다보면, 하나의 주제에 관해서 깊이 묵상하고 지속적으로 연구하기가 쉽지 않기 때문이다.

어려운 여건 속에서도 많은 날들을 함께 지새우며 목회와 신학의 주제들을 붙잡고 씨름해준 동역자들이 있었기에 이 책이 틀을 갖출 수 있었다.

삼십 년 가까이 한 교회에서 목회하며, 복음의 본질을 놓치지 않는 목회자가 되고자 나름대로 노력해왔다. 결코 평탄하지 않았던 목회의 길을 한결같이 함께해준 아내와, 목사의 마음을 헤아려준 성신교회 교우들에게 감사할 따름이다.

이 책은 1996년 한신대학교 목회학박사원에서 박사학위를 받은 "개혁 교회의 의인론과 성화론 연구(A Study on the Justification and Sanctification in Reformed Church)"를 근간으로 하여 새롭게 펴낸 것이다. 조금이라도 더 시간을 들여 내용을 다듬었으면 하는 아쉬움이 남는다. 거친 부분이 많음에도 불구하고 목회 현장에서 지속적으로 관심을 둘 수밖에 없는 주제이기에 많은 분들과 이 주제에 관한 논의를 나누고 심화하자는 뜻에서 출간을 결심하게 되었다. 기꺼이 출판을 맡아준 도서출판 동연 김영호 대표에게도 고마움을 전한다.

박동일

오영석(전 한신대 총장)

시대의 정신을 아는 자가 그 시대의 흐름을 바르게 진단하고 변화시킬 수 있다. 지금까지 세계를 지배하던 주류 세력인 유럽과 미국의 영향력이 현저히 약화되고 쇠퇴하고 있다. 세계가 변화의 큰 물결 속에서 허둥거린다. 중동의 민주화 세력들이 독재를 추방하고 인권을 회복하고 인간다운 삶의 질서를 형성하려고 몸부림친다. 고대 철학을 창출하여 인류 문명사의 발전에 공헌했던 그리스가 경제 침체로 인하여 무너지고 있다. 로마의 문명과 법으로 고대 세계를 지배했던 이태리가 흔들린다. 세계 그리스도교의 모태 역할과 선교의 원동력을 제공하고 신학과 철학의 금자탑을 쌓았던 유럽 교회의 터전이 휘청인다.

교회의 터전이 심하게 흔들리는 것은 유럽의 그리스도교 지도자들과 목회자들이 사회에 신선한 영향력을 행사하지 못하고 청소년들에게 매혹적이고 영감에 찬 메시지와 선교 프로그램을 제공하지 못하기 때문이다. 니체가 교회를 하나님의 무덤이라고 신랄하게 비판했던 것처럼 우람하고 예술적이고 역사적인 가치들을 지닌 장엄한 교회들이 무덤처럼 인적이 끊어지고 교회에서 신도들의 간절한 기도 소리가 사그라지고 있다.

한때 성장의 기류를 타고 왕성하게 활동하던 한국교회에서도 현재 신도 수가 감소하고 있고 교회는 사회의 등불 역할을 하지 못하고 오히려 사회의 냉소와 비난을 받고 있다. 이른바 부흥하는 교회들은 새로운 신자들을 전도하여 교세가 증가한 경우는 극히 드물고 거의 다른 교회의 교인들이 수평이동을 한 결과다.

우리는 한국교회가 사회의 뜻있는 이들의 비난과 조소를 받고 있는 이유를 알고 있다. 절대 권력은 절대 부패한다는 말처럼 그동안 대형교회의 일부 목회자들은 중세의 절대 권력을 휘두르는 가톨릭의 사제들처럼 용서할 수 없는 부패와 타락과 비리를 저질렀다. 그들은 선량한 교인들의 눈물과 땀과 피로써 형성한 부동산을 사유화하고 헌금을 가차 없이 남용하여 사리사욕을 채우고 있고, 성적으로 타락하고 교회의 담임 목사직을 세습하여 인재들의 무대를 가로막는다. 그들은 언론에 보도된 것처럼 세습 권력의 아성을 구축하고 막대한 교권을 틀어쥐고 행사한다.

또한 한국 보수교단들의 교권 쟁탈을 위한 이전투구, 분열과 안수 남발은 한국교회의 암적인 요소들이다. 이 모든 것들이 한국교회를 골병들게 하고 있고 사회의 지탄과 조소와 비난을 자초하고 선교전선을 흐리게 한다. 악화(惡貨)가 양화(良貨)를 구축한다는 그레샴의 법칙이 작용하여 좋은 영향력을 가진 한국교회들조차 사회에서 냉대를 받고 민족의 중심에서 밀려나고 있다. 그럼에도 불구하고 개똥밭에 굴

러도 명예와 돈과 교권만 쥐면 아무래도 좋다고 생각하는 타락한 일부 목회자들과 교만방자한 교권주의자들은 배 째라는 식이다. 그들은 서로 고발하고 법정에 서기도 하고 자신들의 비리의 꼬리를 감추고 용기 있게 거룩함을 강조하면서 설교한다.

구약의 예언자들은 민족이 위기를 당할 때마다 민족을 도탄에서 구원하기 위하여 근원으로 돌아가도록 호소하곤 하였다. 한국교회도 교회의 근원으로 돌아가서 회개하고 교회의 구조를 개혁하고 신학과 설교 내용을 복음의 빛에서 새롭게 선포해야 할 때에 직면하고 있다.

이러한 관점에서 살펴볼 때 박동일 목사님의 저서는 개신교(프로테스탄트 교회)가 확고하게 서야 할 교회의 본질과 근원이 무엇인가를 개혁신학의 핵심 원리인 의인론과 성화론을 중심으로 천명하고 있다. "개혁된 교회는 항상 개혁되어야 한다"(*Ecclesia semper reformanda*)는 개혁교회의 표어처럼 본 저서는 중세의 부패 타락한 가톨릭교회를 근본적으로 갈아엎고 변혁시켜서 복음의 본질 위에 교회를 세우는 복음적 신학의 핵심을 다루고 있다. 그것이 개혁자 마르틴 루터가 밝힌 의인론(義認論, Justfication by Faith)이고 후에 개혁자 칼빈이 전 세계의 개혁신학의 교범이 된 『기독교강요』에서 치열하게 절차탁마(切磋琢磨)한 의인론과 성화론(聖化論, Sanctification)이다.

루터는 이신칭의론을 교회의 흥망성쇠가 걸린 교리로 정의하였다. 그는 탁상대화에서 "경험만이 신학자를 만든다"고 말하고 설교자가 하나님이 친절하고 달콤하고 자비하며 인간을 돕는다고 백 번을 설교할지라도 설교자 자신이 체험을 통하여 그것을 맛보지 않는 것은 아무것도 아니다, 라고 말하였다. 루터의 의인론 교리에는 그의 삶 전체를 뒤흔들고 새롭게 하는 깊은 신앙의 경험과 성령의 조명을 통한 깨달음에서 근원되었다. 그는 어떻게 하면 "내가 은혜로운 하나님을 만날 수 있는가?"에 대한 깊은 고뇌와 회개를 하였고, 예수 그리스도의 십자가 사건에 대한 전적인 새로운 깨달음에서 그의 의인론이 탄생되었다. 이신칭의론의 주제는 에덴동산을 잃고 저주의 죽음을 죽을 수밖에 없게 된 인류에게 겟세마네 동산과 갈보리에서 일어난 사건을 통하여 생명과 구원과 영광을 다시 선사한 것을 중심으로 한다. 이 교리 안에는 옛 인간과 욕망을 완전히 그리스도의 십자가에 못 박아 죽여 장사지내고 그리스도의 부활사건과 함께 영원한 새로운 생명으로 부활하는 죽임과 살림의(Mortification and Vivification) 신비로운 성령의 역사, 믿음의 사건이 맥박치고 있다. 루터는 이신칭의에 이르기까지 피눈물 나는 영적인 투쟁을 하였고 마침내 자비하신 삼위일체 하나님의 역사로 그는 복음적 신학의 핵심을 깨달았다. 이 교리로 그는 어두운 중세기를 생명과 진리 자체인 복음의 빛으로 물들였고 중세의 교회와 사회를 변화시키고 개혁하는 횃불이 되었다.

의인론은 장로교를 창시한 칼빈 신학사상에서도 결정적인 중요성을 갖는다. 칼빈도 의인론에 그리스도교 신앙이 걸려 있다고 하였다. 왜냐하면 하나님과 인간의 관계와 구원의 기초와 경건의 근거가 의인론과 본질적으로 관계되어 있으므로 의인론을 오해하면 은혜의 복음이 상실되고 신앙이 폐기되기 때문이다. 그 대신 인간의 업적과 능력과 공적이 최고로 평가되고 교회의 삶은 업적과 성과주의로 전락한다. 그렇게 되면 구원의 기초와 소망이 무너지고 신앙의 실천과 삶이 무너진다.

칼빈은 의인론 이전에 성화론을 다루지만 양자의 본질적인 일치를 강조한다. 그것은 자기를 부정하고 십자가를 지는 성화의 새로운 삶과 선행과 정의를 위하여 박해를 받는 삶은, 믿음으로 그리스도와 연합된 의인론과 분리될 수 없기 때문이다. 특히 부패한 한국의 개신교회가 회개하고 변화되고 사회의 빛으로 나오려면 칼빈의 성화론의 핵심을 우선 목회자들이 깊이 연구하고 실천하여야 할 것이다. 부패 타락한 옛 사람과 그 탐욕을 십자가에 못 박아 죽이는 자기 부정과 자기 죽임(mortification)을 방기한 한국교회의 크고 작은 교회의 목회자들에게서 무슨 새로운 부활의 생명과 평화와 정의를 위한 살림(vivification)의 역사가 일어날 것인가? 그들에게서 어찌 한국교회를 갱신할 수 있는 희망의 빛을 기대할 수 있을 것인가?

종교개혁자들의 의인론과 성화론을 현대적인 시각으로 참신하게 복음적으로 구성한 칼 바르트는 그의 기념비적인 책『교회 교의학』의 '화해론'에서 오늘과 내일의 교회가 바르게 알고 배우고 깨닫고 실천할 복음의 진리를 훤하게 드러냈다. 칼 바르트는 19세기를 풍미하던 자유주의 신학을 철저히 거부하고 바울 사도와 어거스틴, 종교개혁자들의 신학을 토대로 20세기에 말씀의 신학, 복음적 신학을 일으켜 세운 위대한 개신교 신학자다.

저자 박동일 목사는 뚜렷한 소명감과 불굴의 믿음으로 한신대학교와 대학원에서 종교개혁의 신학에 깊은 관심을 갖고 연구하였다. 그는 칼 바르트 신학을 연구하여 석사학위를 받은 뒤 다년간 목회에 전념하였다. 그리고 목회 현장에서 케리그마적인 설교의 중요성과 종교개혁신학의 필요성을 절감하고 칼빈과 칼 바르트의 의인론과 성화론을 집중적으로 탐구하여 박사학위를 취득하였다. 실로 그가 깊이 연구한 이 저서는 개혁신학의 핵심이요 로마서의 중심을 이룬다.

수년간 설교하였지만, 복음의 본질을 깨닫지 못하고 붙들지 못하여 공허감을 느끼는 목회자들이 이 책을 통하여 개혁교회의 신앙의 알찬 본질을 파악하고 기뻐하리라 믿는다. 진리를 인식하고 깨달으면 기쁨이 수반된다고 중세기 신학자 안셀름(Anselm)이 설파하지 않았던가. 잎만 무성하고 평화와 정의, 자유와 용서를 잃어버린 한국교회는 환골탈태(換骨奪胎)를 해야 한다. 한국교회를 골병들게 하고 사회의 비난을 받고 있는 한국 대형교회의 목회자들은 신앙의 깊이를 상실하고 번영의 복음과 실증적인 성공복음만을 전하고 있다. 바로 그분들의 눈이 열려서 본 저서를 깊이 탐독하게 된다면, 그들은 복음의 본질을 발견하게 되고 배금주의적인 바알 숭배와 패권적인 교권주의에서 벗어날 수 있을 것이다. 그들은 회개하고 거듭나서 복음의 자유와 기쁨을 누리면서 그리스도의 참된 제자의 길을 새롭게 걷는 기쁨을 다시 맛볼 것이다. 한국교회가 처한 비참한 상황을 직시하고 가슴아파하는 뜻있는 목회자들과 성도들은 이 책을 통하여 한국교회가 민족과 사회를 품고 새로운 미래로 전진할 수 있게 하는 한줄기 밝은 복음의 빛을 볼 수 있으리라 확신한다. 뜻있는 분들의 일독을 권한다.

목차

구원론 이해

1장

구원론과 교회

기독교의 본질은 예수 그리스도 안에서 계시된 복음이다. 이 복음은 하나님께서 인간에게 베푸시는 은혜로, 모든 믿는 자에게 구원을 주시는 하나님의 능력이며, 주 예수 그리스도 안에서 계시되었고, 십자가에 죽으심으로 말미암아 하나님의 영광을 드러내고, 부활하심으로써 성령의 큰 능력을 나타낸 그리스도로 말미암은 하나님의 의(義)의 실현을 말한다.

의인론(義人論)과 성화론(聖化論)은 이 복음의 핵심적인 메시지를 다룬다. 의인과 성화는 그리스도의 존재와 활동에 근거한 객관적인 은혜이면서, 다른 한편 성령을 통해 주관적으로 받아들여지는 은혜이다.

교회 역사에서 의인과 성화처럼 논란을 거듭해온 주제도 없을 것이다. 시대적 상황의 변화에 따라서 의인과 성화에 대한 새로운 논제들이 부단히 제기되어왔다. 의인과 성화를 올바로 이해하지 못하여, 양자를 혼동하거나 분리하여 어느 한쪽만을 강조하게 됨으로써, 기독교 사상 전반에 걸쳐 매우 복잡한 문제들이 발생되어왔다.[1] 오늘의 교회 현실도 예외는 아니다. 기존의 신앙관에 대한 수많은 도전이 제기되고 있는 가운데, 건강한 신앙관을 마련하기 위해서 의인과 성화에 대한 온전한 이해가 시급하다.[2]

의인론은 죄인들에게 값없이 주어지는 그리스도 안에서 나타난 하나님의 의와 사랑에 관한 내용을 말한다. 의인(Justification)은 '믿음으로 의롭다 여김'이며, 믿음으로 말미암아 그리스도의 의로우심이 우리에게 주어지고, 우리의 죄가 사함을 받는다는 것이다. 죄인이 죄를 용서받고, 그리스도의 의로우심을 덧입어 의롭다고 선언 받는 사건이다. 즉, 죄가 용서되고 그리스도의 의가 우리의 생명에 덧입혀지는 사건이다.

성화(Sanctification)는 의롭다고 여김을 받은 죄인이 그리스도의 새 생명의 실재에 참여하고,[3] 그리스도의 생명에 의해 새로운 생명으로 변화되어, 생명의 질적인 변화를 이루게 됨을 뜻한다. 이것은 윤리적 생활의 갱신을 내포하며, 속사람의 영적인 성장과 성숙한 존재로의 변화를 이루게 됨을 의미한다.

교회사를 통해서 제기되어온 의인과 성화와 관련된 문제들은 대부분 어느 한편을 지나치게 강조함으로 말미암아 다른 한편이 약화되거나 도외시됨에서 비롯된 것이다. 성화에 비해 의인을 지나치게 강조하거나, 성화를 의인에게로 단순하게 귀속시키면, 의인일원론으로 기울게 될 우려가 있다. 의인일원론으로 기울면 신비주의, 열광주의, 타계주의, 값싼 은혜, 구원의 방주라는 폐쇄적인 교회관에 따른 윤리의식 부재 등에서 벗어나기 어렵다. 뿐만 아니라, 선행의 필연성이 약화되고, 죄로 용서받은 자로서의 삶의 구체적인 내용을 분명하게 제시하지 못하게 된다. 다른 한편, 의인에 비해 성화만을 강조하거나, 의인을 성화 안에 구속시켜버리면, 율법주의, 공적주의, 무분별한 행동주의 등을 초래하게 되거나, 하나님께 대한 감사의 기쁨이 약화된다.

종교개혁자들은 중세 기독교가 '거룩하게 됨'의 가르침을 수도원 운동과 결부하여 비세상적 영적훈련으로, 특히 공적(功績)사상과 결부하여 행실을 구원의 조건으로 만든 결과 면죄부의 매매와 같은 은혜의 탈선을 가져왔다고 여기고, '거룩하게 됨', '제자직' 보다는 '믿음으로 의롭다 여김'을 기독교의 중심적인 가르침으로 강조하였다. 여기서 불가피하게 '제자직', '거룩하게 됨'의 실천이 뒤로 밀려나는 경향이 나타나게 되었다.[4] 그러나 엄밀히 따져보면 루터나 칼빈은 기독교 구원론의 이해에 있어서 의인을 성화에 대해서 일방적, 배타적으로 강조했다고 볼 수 없다. 그들은 중세 후기 로마 가톨릭의 왜곡된 의인과 공적사상을 타파하기 위해서 '어떻게 죄인이 의롭게 되는가?'를 해명하는 데 치중했기 때문에 성화를 좀 더 정교하게 해명하고 강조하지 못했다고 보는 것이 타당할 것이다. 다행히 종교개혁 이후 개신교는 의인과 성화를 동시적으로 그리고 동등하게 강조하는 데 성공

했다고 할 수 있다.

제자직이 기독교의 성화를 대표하는 이론이 되고, 의인과 아울러 성화가 기독교 구원론의 핵심 개념으로 자리 잡게 된 것은 1960년대 이후부터이다. 20세기 후반기의 세계 기독교계는 '성화의 부활' 신학이 주도했다. 그 직접적인 동기는 나치스 정권에 의해 순교당한 독일 교회의 목사이며 신학자인 본회퍼에게서 찾을 수 있다. 본회퍼가 제시한 '제자직'은 세계적으로, 특히 가난하고 억압받는 제3세계 영역에서, '하나님의 선교'와 더불어 교회의 시대적 사명을 나타내는 대표적인 개념이 되었다.[5] 본회퍼가 표현한 '성숙한 신앙인'은 사회적 불의와 그로 인한 민중의 고난에 대해서 눈을 뜨게 된 사람들이다. 신앙인으로서 정치, 사회, 경제, 인종, 심리, 생태적 위기 등 세상의 문제에 관심을 갖게 되었다. 세계적으로 신앙인의 정치적인 실천과 사회 참여를 강력히 요청하는 시대적 상황에 응답하기 위해서 다양한 신학적 시도들이 일어났다.

성화와 긴밀한 관계가 있는 문제점들에 관심을 갖게 된 오늘의 기독교인들에게, 바울과 루터에게서 강조되었으며 그들의 시대적 상황에서 혁명적인 의미를 가졌던 의인의 문제가 어떤 의미를 띠는 것일까? 단지 그들의 시대적인 상황을 반영하는 낡고 오래된 문제로 인식되고 말 것인가?

오늘날 한국교회에서 나타나는 문제들의 대부분은 의인과 성화에 대한 바른 이해가 부족한 데서 비롯한 것이라고 하겠다. 의인을 성화에 귀속시키는 가톨릭적 은혜론이나, 성화를 의인에 귀속시키는 신앙

지상주의적 은혜론은 모두 신앙적인 교만을 초래할 우려가 있다. 공적주의, 타계주의, 기복주의, 율법주의, 광신주의, 맹목적 성령주의, 개교회주의, 구원의 방주로서의 폐쇄적 교회관 등 수많은 고질적인 문제들을 안고 있는 한국교회를 위해서, 복음의 중심 내용을 담은 의인과 성화의 관계에 대한 올바른 이해가 절실하다.

산업화의 거센 물결과 기술과학 정보기술의 혁명으로 인해서 한국 사회의 전통적인 가치들과 이념들이 전면적으로 도전받고 있다. 뿐만 아니라 사회 전반에 걸쳐 팽배한 위기의식이 날로 커져가고 있다. 이런 상황에서 오늘의 교회는 사회적으로 어떤 가치 규범과 실천 방안을 제시해야 하겠는가? 한국교회는 질적인 면에서 기독교의 사랑과 정의의 실천, 자유와 평화, 해방과 화해를 위한 선교 사업에 어떻게 헌신하고 있는지 냉정하게 자기를 성찰해보아야 한다. 한국교회의 대부분은 개혁교회(장로교)의 후예들이다. 이들은 믿음으로 말미암아 은혜로 의롭게 여김을 받으며, 동시에 하나님의 거룩한 백성으로 인정을 받음을 고백하는 신앙의 유산을 이어 받았다. 개혁교회의 신앙 유산은 받은바 은혜에 감사하여 변화된 자로서의 성화의 삶을 사는 것, 신앙인으로서 세사식의 사명에 적극적으로 참여하여 이 땅에 하나님 나라를 실현하기 위한 교회적 사명을 감당하는 책임을 지는 신앙 자세를 소중히 여긴다.

2장

구원론의 개요

'개혁교회'(Reformed Church)는 16세기에 스위스와 독일 남부지역에서 종교개혁으로 생겨난 교회들에 모태를 두고 있다. 스코틀랜드에서는 개혁교회의 영향을 받아 '장로교회'(Presbyterian Church)가 형성되었다. 이후로 영어 사용 지역에서는 일반적으로 개혁교회를 장로교회라고 부르게 되었다. 주로 영어권 지역 출신의 선교사들에 의해 교회가 세워진 우리나라에서도 장로교회로 부르고 있다. 그러나 세계적으로는 개혁교회와 장로교회를 합하여 개혁교회로 통칭한다.

개혁교회는 종교개혁의 핵심적인 신앙 원리를 보전하고 있다. 첫째로, "교회는 항상 개혁되어야 한다."이고, 둘째로 교회의 개혁은 "하나님의 말씀인 성서에 근거해야 한다."이다.[1] 이러한 종교개혁의 신앙 원리가 내포하고 있는 신앙적 성격을 가장 잘 반영하고 있는 주제가 의인과 성화이다.

2부에서는 칼빈의 의인론과 성화론을 다룬다. 중세 로마 가톨릭 교회의 신학을 대표하는 '스콜라 신학'(Scholasticism)은 초대교회에서 형성된 교의(dogma)를 계승하여 이것을 분석·설명하고 체계화를 도모한 신학이다. 특히 신앙과 이성, 신학과 철학의 조화에 주력했다. 따라서 중세 스콜라 신학의 대표자들은 대부분 주지주의적(主知主義的)사상가들이었다. 신앙의 내용과 삶을 주지주의적으로 설명하는 데 치중하게 되면, 신앙이 역동성을 잃게 되고 따라서 굳어진 도그마가 되어 '살아 있는 믿음'(Living Faith)이 형식 논리에 얽매이게 된다. 16세기 종교개혁운동은 바로 이 생명력을 잃은 신앙에 대한 도전이었다.

개혁교회의 초석을 놓은 주요한 인물들이 있다. 스위스 취리히를 중심으로 개혁운동을 전개했던 울리히 쯔빙글리(Huldrych Zwingli, 1484-1531), 프랑스 노용 출신으로 제네바의 개혁을 주도했던 존 칼빈(John Calvin, 1509-1564), 그리고 스코틀랜드의 에딘버러에서 개혁을 이끈 존 녹스(John Knox, 1514-1572) 등이다.[2] 이 중에서 개혁교회의 신학 형성에 크게 영향을 끼친 칼빈의 의인론과 성화론을 고찰해보려고 한다.

3부에서는 칼 바르트의 의인론과 성화론 및 소명론을 다룬다. 칼 바르트(Karl Barth)의 신학은 '오직 성서로만'(*Sola Scriptura*), '오직 은혜로만'(*Sola gratia*), '오직 믿음으로만'(*Sola fide*) 이라는 종교개혁의 신앙 원리를 20세기 상황에 재등장시켜 놓았다.

종교개혁자들은 어거스틴 이후 천 년 동안 교회를 지탱해온 로마 가톨릭교회의 신학 구조, 곧 "성서 '와' 전통, 은총 '과' 공적, 신앙 '과' 행실"에서 존재의 유비(*analogia entis*)적이요 반(牛)펠라기우스적인 '와'(and)를 제거하고, '성서만, 은총만, 그리고 신앙만'을 주장했다. '은혜와 믿음에 의해서 구원을 받는다'는 종교개혁의 절대 은총 원리가 세워진 것이다. 이러한 종교개혁의 정신은 바울에 의해서 강조되었던 복음 정신의 회복이기도 하다.

종교개혁의 뒤를 이은 17세기와 18세기 개혁교회는 종교개혁의 원리들을 개혁자들의 가르침에 따라서 정리하고 조직하여 체계화하고자 했다. 이런 과정에서 후기 개혁교회는 종교개혁자들의 전통적인 가르침을 충실하게 계승하려는 의지에도 불구하고 여러 가지 문제점을 남겨놓게 되었다.

"성서 '와' 전통(교회)"의 가톨릭 전통에 대해서 '성서'의 원리를 강조하였으나, 하나님의 말씀으로서 성서의 절대적인 권위를 주장한 나머지 성서와 교회(선교)의 자리를 갈라놓게 되었고, 그럼으로써 오늘의 교회가 요청하는 살아 계신 하나님의 말씀의 현장성이 약화되었다. "은총 '과' 공적"에 대해서 '은총'을 강조하였으나, 절대적 은총의 강조로 인해서 자유로운 신앙적 결단의 중요성이 약화되었다. 그리고 "신앙 '과' 행실"에 대해서 '신앙'을 강조함으로써, 신앙과 생활이 분리되고, 신앙의 책임적인 행동이 약화되었다. 본회퍼가 "값싼 은혜"라고 지적했던 것처럼 '복종 없는 신앙'을 초래하게 된 것이다.[3]

결과적으로 후기 개혁교회는 종교개혁의 신앙 원리를 형식적으로 계승하였지만, 살아 있는 정신을 나타내지 못했다. 19세기 개혁교회는 이러한 종교개혁 정신의 정통주의적 계승에 항거하고자 했다. 그러나 종교개혁의 신앙 유산을 현대적으로 해석함에 있어서 하나님의 말씀 중심에서 인간 중심으로 관점을 옮겨 신학을 전개함으로써 종교개혁의 복음적 살아 있는 정신으로부터 떠나갔다.

바르트는 종교개혁 원리의 현대적 부활을 통하여 희미해져버린 복음신학의 정신을 회복하고자 했다. 그는 로마 가톨릭교회의 '존재의 유비 방법', 정통주의의 '교리주의적 방법', 19세기 자유주의 신학의 '인간학적 방법'을 비판하고, 종교개혁의 정신에 따라서 '하나님 말씀'을 신학의 준거로 삼고, 종교개혁의 '성서, 은총, 믿음' 중심의 신학을 재형성하려고 했다.

바르트는 '성서만'의 원리를 해석하며, 하나님의 말씀으로서의 성서의 절대 권위를 주장하면서 동시에 교회의 선교(케류그마)를 성서에 종속된 말씀의 자리에 올려놓았다.[4] '은총만'의 원리에 대해서는, 은총의 절대 주권을 강조하고, 구원에 있어서 인간의 공적이 은총과 병행될 수 없음을 분명히 하였다. 동시에 그리스도론적 선택론을 통해서 절대이중예정론을 다시 해석하여 은총의 운명론적 이해의 위험을 극복하고, 인간의 자유를 허락하며 동시에 은총의 절대 주권을 세웠다. 또한 하나님의 형상을 '그리스도론적 이해와 관계의 유비'를 통해서 새롭게 해석함으로써, 인간의 존엄과 인권에 대한 신학적 기초를 마련하였다. '신앙만'의 원리에 대해서는 성령의 역사에 강조점을 두었다. 그럼으로써 의인과 성화를 그리스도 사건에서 동시적으로 일어나는 신앙의 사건으로 이해하면서도 동시에 양자를 구별하였다. 신앙과 행실을 분리하거나 혼동하지 않고, 은혜의 세속화와 교리화, 그리고 행실의 공적을 철저하게 거부하면서도, "행함이 없는 신앙은 죽은 신앙"이라는 야고보서의 주장을 강조하여 신앙의 본질적 강조와 동시에 강력한 그리스도인의 삶, 그리스도를 따라 십자가를 지는 삶을 강조할 수 있었다.

바르트는 점차 희미해졌던 종교개혁의 정신을 되살리고, 성서의 복음으로 돌아가려고 했다. 그렇지만 과거 종교개혁의 가르침을 단순히 되풀이하려고 한 것이 아니라 새롭게 되살려내고자 했다. 종교개혁자들의 가르침에 대한 문자적이고 정통적인 해석을 반복하지 않고, 오늘의 자리에서 성서의 빛에 비추어 새롭게 재해석하고자 했다. 바르트의 새로운 신학적 시도는 21세기 교회의 미래를 위한 신학 형성에 여전히 유용한 지침을 제공해준다.

마지막 4부에서는 본회퍼의 사상을 다룬다. 본회퍼에 따르면, 예수 그리스도는 하나님 나라의 이념이 아니라, 역사 속에서 구체적인 형태를 갖춘 그리스도의 제자들의 공동체 즉 교회를 남겨주셨다. 교회는 부활하신 그리스도께서 다시 오셔서 그의 구원을 완성하고 새 하늘과 새 땅을 이룩하실 때까지, 잠정적으로 그의 사명을 위탁받은 공동체이다. 교회가 위탁받은 사명은 교회가 자리한 상황과의 관련에서 수행되어야 한다. 본회퍼는 새로운 상황에 놓인 교회가 위탁받은 사명을 수행하기 위해서, 먼저 자기 자신을 살펴볼 필요가 있다고 생각했다.[5]

　본회퍼는 히틀러의 파시스트 권력이 절정을 향해 치달아 가던 시기에 교회가 담당해야 할 사명을 묻고 있다. 이 시기 히틀러의 제삼제국에 대한 독일교회의 투쟁은 '교회 혁신'과 '참된 교회' 운동으로 전개되었다. 본회퍼는 "나는 가능하다면 교회 투쟁에 말려들어 가고 싶지 않다. 개인적인 삶을 살고 싶다. 그러나 하나님은 이것을 원하지 않으신다."고 고백한다. 그는 터전이 흔들리며 무너지는 교회의 현실 속에서 참된 교회를 발견하기 위해서 성서로 돌아가려고 했다. 그는 교회가 서기관들이나 율법사들 위에 세워진 것이 아니라 그리스도의 부름을 따르는 제자들의 무리 위에 세워졌음을 깨달았다. 이 교회는 예루살렘의 교회, 요란한 축제의 교회가 아니다. 예수의 부름에 따라서 광야로 나간, 작은 무리의 교회이다.[6]

　'그리스도가 세우신 교회'를 발견한 본회퍼는 하나님의 은총의 주권보다는 그 주권 아래서 사는 사람의 복종의 삶, 책임적인 삶의 문제를 강조하게 되었다. 바로 '제자직의 교회'로서, 성화의 삶을 가리킨다. 신앙은 그것이 복음적으로 옳다고 하더라도, 말씀에 직접 복종하는 삶으로 나아가지 않는다면 추상적인 개념에 지나지 않는 것이다. 본회퍼는 '추상적 신앙, 교리적으로는 알고 있으나 복종이 없는 신앙, 거룩하게 됨 없이 옳다고 인정받는다는 신앙' 등을 교회의 가장 무서운 원수로 여겼다. 그리고 이러한 신앙을 '값싼 은혜'라고 표현하였다.

　본회퍼는 히틀러와 맞선 교회의 투쟁을 위해서 바르트와 힘을 합했다. 불의한 권력에 대한 교회의 투쟁 과정에서 본회퍼는 '신학자에서 그리스도인으로 변화' 되었고, 은혜와 믿음만이 아니라 복종과 제자직과 행동하는 삶을, 의인만이 아니라 성화를 강조하게 되었다.

3장

의인과 성화에 대한 역사적 고찰

바울은 그의 서신에서 의인과 성화의 개념을 분명히 밝혀주고 있다. 특히 로마서 3장과 4장에서, 믿는 자에 대한 하나님의 의의 선언으로서의 복음의 내용을 밝히고, 5장에서는 믿음으로 말미암아 하나님 앞에 의롭게 된 자가 곧 하나님으로 인하여 성화된 자임을 진술한다.[1] 그리고 고린도전서 1장 30절에서, 하나님께서 예수 그리스도를 통하여 우리를 의롭다 인정하시고 하나님과의 올바른 관계에 놓이게 함과 동시에 하나님의 거룩한 백성이 되게 하셨다고 주장한다.[2]

바울의 '믿음으로 외롭게 된다.'는 가르침은 초기 교회 당시의 사회적 상황에서 혁명적인 의미를 지닌 것이었다. 바울이 '의인'이라는 명제를 통해서 구원과 그리스도인의 실존을 표현하고 강조한 것은,

종교적이고 윤리적으로 하나님 앞에서 자기의 의를 주장하려는 자로 하여금, 복음의 증거대로 인간 자신의 능력으로서가 아니라 믿음으로 의롭다 인정받음을 깨닫게 하려는 것이었다.[3]

바울은 의인과 성화를 그리스도 안에서 일어난 동시적인 하나님의 은혜 행위로 보았다. 그래서 의인과 성화의 근거가 모두 십자가에 달린 예수 그리스도에게 있다고 말한다.[4]

의인과 성화의 교리는 초기 교회 교부들에게서 완전한 형식으로 드러나지 않는다. 교회사적으로 의인과 성화는 어거스틴(Augustine)에게서 전면적으로 부각되었으나, 어거스틴도 믿음과 행위를 구별한 원리적 의미를 완전히 규명하지 못하였다.[5]

중세 로마 가톨릭교회가 의인과 성화를 혼동하여 이해하였다는 것은 중세 교회의 중대한 문제가 아닐 수 없다. 중세 교회는 어거스틴의 절대 은총과 절대 신앙의 가르침을 반(半)펠라기우스(反어거스틴)주의에 의해 쉽게 중화시켜버렸다. 중세 교회의 의인론은 이중적인 가르침으로써, 의인을 교회적 사건이며 과정으로 해석했다. 중세 교회는 교회의 성사적 고행 제도를 통한 은총의 주입을 주장했다.[6] 은총은 무차별적으로 전해지는 것이 아니라, 오직 성례전이라는 통로를 통하여 전해진다는 것이다. 토마스 아퀴나스(Thomas Aquinas)는 모든 성례가 은총의 전달 수단이며, 고해는 징벌의 두려움에서 비롯되는 회개로부터 시작하여 은총으로 인하여 진정한 회개가 된다고 주장했다.[7] 중세 교회는 믿음으로 옳다는 인정을 받는다는 사실을 말했으나, 그것은 사랑에 의해서 완전하게 되는 신앙을 의미했다. 아퀴나스는 아리스토

텔레스의 정의에 따라서 '사랑에 의해서 형성된 믿음'(*fides caritatefor-mata*)이라고 표현했다. 궁극적으로는 인간은 믿음에 의해서가 아니라 사랑에 의해서 의롭게 된다는 것을 의미하였다. 결국 하나님이 사람을 받아들이고 거부하는 기준이 그의 공적의 성취 여부에 달려 있다는 것이다. 이렇게 복음의 은총을 성사를 통해서 분배되는 반물질적으로 본 결과, 은총은 성사 자체가 부여하는 효과에 불과한 것으로 이해되었다. 또한 '은혜 없이 공적 없고, 공적 없이 구원 없다.'는 논리가 구원의 필수 조건이 되었다. 구원은 인간의 공적에 의해 획득해야 하는 것이 되었으므로, 구원의 불확실성과 불안이 초래되었다.

중세 교회는 이러한 구원의 불확실성과 불안을 근거로 하여 거래를 하게 되었다. 면죄부가 바로 그것이다. 면죄부의 매매는 16세기에 이르러 최악의 상태에 이르렀다. 결국 중세 교회는 복음의 은혜를 성례전적 제도 속에 가두어놓음으로써 복음을 종교적 의식으로 대체했고, 구원을 공적주의와 결부시킴으로써 교회적 율법주의에 빠지게 되었다. 복음의 진리는 혼잡한 종교의식과 나약한 윤리교훈 속에 가려지고, 교회는 윤리적 부패와 혼미 속에 빠져들게 되었다. 1517년 10월 31일에 루터가 95개 조항의 논제를 비텐베르크 교회의 정문에 붙였을 때, 그것은 물론 구체적으로는 면죄부에 반대한 것이었지만, 사실은 이러한 교회의 악을 낳은 은혜에 대한 잘못된 이해, 중세 교회 전통의 성사 제도, 또는 교회적 율법주의에 반대한 것이었다.

중세 가톨릭교회는 의인을 성화에 귀속시키고 혼동함에 따라서 공적주의와 율법주의에 빠지고 말았다. 루터는 반(牛)펠라기우스적, 성레전적, 은혜와 교권적 율법주의에 근거한 중세 교회의 은혜론과 의인론을 거부하고 성서적인 은혜(Sola gratia)와 신앙(Sola fide)을 재발견하고, 의인의 문제를 전면에 내세웠다. 이 점에 있어서는 칼빈도 같다. 다만 루터에게서는 의인이 강하게 주장된 반면, 칼빈에게서는 의인과 성화가 동등하게 다루어지고 있다. 루터가 의인을 강조하고 성화의 삶을 주의 깊게 규정하지 않은 것이 자칫하면 '복음과 율법', '신앙과 행실'의 반립과 이율배반으로 잘못 해석될 위험이 없지 않았다. 그러나 루터에게 있어서 성화는 믿음의 결과이며, 사랑의 자발적인 일이었다.

바르트는 루터가 의인만을 주장하지 않았다고 본다. 초기에 루터는 양자를 혼합시키는 경향이 있었으나, 후기에는 이중적 의인, 이중적 성화, 이중적 치유 등을 말함으로써 이중적 은혜의 도식을 수립하고, 의인과 성화의 양면성에 대해 언급하였지 결코 어느 한 측면만을 강조하지는 않았다는 것이다.

본회퍼는 수도원으로부터 세상으로 내려온 루터의 결단적 행동과 신앙의 자유를 통해서 얻은 의인사상을 깊은 통찰력으로 재해석함으로써, 루터의 값비싼 은혜와 이중적 성화를 설명한다.[8] 본회퍼에 따르면 루터는 이중적 성화를 발전시켰다.[9] 첫 번째 성화는 객관적이고 완전한 성화이고, 두 번째 성화는 불완전한 것, 즉 우리 자신과 같이 불완전하지만 현실에서 이루어지고 있는 성화이다. 루터는 성화의 관점에서 이중적인 죄 사함을 언급했다. 첫 번째는 그리스도로 인해서 일어난 죄 사함이요, 두 번째는 우리의 일상생활 속에서 일어나게 되는 죄 사함이다. 이러한 이중적인 죄 사함은 이중적인 의인을 의미하는 것이다. 하나는 내면적인 의인이고, 다른 하나는 외인적인 의인인 것이다. 바르트와 같이 본회퍼도 의인과 성화에 관한 루터의 이중적 견해를 정리함으로써, 루터가 오직 의인론만 주장한 것이 아니지만, 의인론이 성화론에 우선할 수밖에 없었음을 밝힌다.

본회퍼는 칼빈에게 있어서 의인과 성화는 루터보다 더욱 분석적이고 구조적인 특성이 있다고 여긴다. 하나님의 영광, 그리스도의 삶, 율법과 복종의 강조, 창조된 것의 신화(神話)에 대한 절대적 부정 등은 칼빈 신학의 특징이며, 따라서 개혁교회 신학의 특징이기도 하다. 칼빈도 루터와 같이 오직 믿음으로 의롭다고 인정받음을 주장했다. 나아가 본질적으로 믿음이 그 자체의 능력으로 의롭게 할 수 없음을 분명하게 밝히려고 한다.[10] 칼빈에 따르면, 우리의 의의 근거는 믿음이 아니라 예수 그리스도에게 있으며, 믿음의 주체는 나의 종교적인 능력이 아니라 성령이시다.[11]

성령이 우리로 하여금 그리스도와 연합하게 하신다. 칼빈은 성령의 역사를 전제로 해서 의인과 성화를 말한다. 칼빈에게 의인과 성화는 인과적 관계가 없으며, 어느 하나가 다른 것의 최종 목표가 되지 않는다. 의인과 성화는 동일한 원천이 되는 성령의 구체적인 역사의 결과요, 그리스도 안에 있는 하나의 실체이며, 논리적으로 구별은 될지라도 상호 불가분의 관계를 갖는다. 또한 서로 분리될 수 없도록 결합시키는 줄이 바로 그리스도 자신이다.[12]

칼빈은 『기독교강요』 제3권에서 의인을 성화 다음에 논한다. 그것은 의인이 소극적 삶의 태도를 변명하는 구실이 될 수 없다는 것을 보여주기 위함이다.[13] 칼빈에게서 의인과 성화는 예수 그리스도 안에 있는 한 실재요 한 은총으로서,[14] 성령을 통하여 믿음으로 예수 그리스도 안에서 동시에 그리고 같이 받는 한 은총의 두 면으로 양자는 결코 분리될 수 없고[15] 양자가 동시에 되어야 하고 하나가 될 수 없다. 또한 구별이 되어야 한다.[16] 날마다 옳은 사람으로 하나님 앞에 선언 받고, 옛 아담이 죽고 새사람이 되는 것과 거룩하게 됨의 상호작용이 칼빈에게서 그리스도인의 생활 즉 기독교 윤리의 원리를 결정한다. 그러므로 성령의 역사에 의한 신앙 의인 없이는 성화는 있을 수 없다.

19세기 자유주의 신학자들은 의인과 성화를 혼합시킴으로써 복음의 진리에서 탈선하게 되었다. 자유주의 신학의 출발점이 된 슐라이에르마허(Friedrich Schleiermacher)는 의인과 성화에 관해서 모라비안주의(Moravianism)라고 불릴 만큼 독특한 해석을 갖고 있다.[17] 슐라이에르마허는 의인된 자의 성화는 교회를 통한 그리스도의 교제 가운데 주어진다는 신학적 입장을 견지하였다. 그는 릿츨(Albrecht Ritschl)과 더불어 도덕주의자로서, 성화의 근거를 인간의 도덕적인 면에 두었고, 단계적인 인격의 변화를 계속하는 점진적인 과정으로 보았다. 자연신학, 문화신학, 도덕신학의 경향을 띤 이들은 신학적으로 복음을 중화시키고 히틀러의 독재체제와 민족주의에 야합하는 결과를 가져왔다.

종교개혁의 외침이 오랜 세월을 지나는 동안에 사회적, 문화적 변화와 함께하면서 한편에서는 정통주의적 형식 속에 굳어지고, 또 한편에서는 현대신학적 개방성 속에서 새롭게 들려지지 않으면 안 되었으며, 종교개혁신학의 전체적인 새로운 해석이 필요했다. 여기에서 우리는 20세기 초에 바르트의 은총의 신학에서, 19세기 반(半)펠라기우스적 신인협력주의에 맞선 종교개혁의 '오직 믿음' 정신의 현대적 부활을 볼 수 있다. 바르트의 그리스도 중심적 신학의 체계는 루터와 칼빈의 중심사상 특히 개혁교회 전통의 재해석이다. 그는 의인과 성화를 하나님의 말씀과 신앙의 불가분리의 관계하에서 접근하였다. 그러나 그는 보다 더 칼빈을 따라서 그의 전체 윤곽 체계를 신앙과 삶, 이론과 실제를 같이한 체계 속에서 세워나갔다.

본회퍼는 제2차 세계대전을 전후하여 나치스 치하의 독일교회의 율법주의에 대하여 루터의 의인사상을 재해석하고 성화를 강조하였다. 그는 개혁자들의 오직 믿음으로만 의롭게 된다는 말은 은혜의 결과를 뜻하는 것과 같은 말이라고 지적하고 복종하는 신앙, 값을 치르는 은혜, 그리스도의 제자직, 즉 성화의 삶을 요구했다.[18] 본회퍼에게 있어서 의인은 새사람의 새 창조를, 성화는 예수의 날에 이르기까지의 이 새 창조를 유지하는 섭리를 뜻한다.[19] 신앙이 사랑과 소망을 수반하지 않는다면, 그것은 거짓된 신앙, 속이는 신앙, 위선적인 신앙으로서 결코 의로 여겨질 수 없다. 의인이 성화를 동반하지 않는다면, 그것은 의인 진리의 헛된 반복에 지나지 않고 죽은 신앙이다.[20] 여기서 본회퍼는 의인과 성화의 동시성, 상호관련성, 구별되나 분리될 수 없음을 강조하고, 특히 의인된 자의 성화의 삶을 매우 강조하였다.

몰트만(Jürgen Moltmann)은 1960년대 이후의 현대 산업사회의 자리에서 종교개혁의 의인과 성화에 대한 재해석을 시도한다. 몰트만의 신학은 희망의 신학의 주제인 종말론에서 시작하여 기독론으로 발전하였으며, 교회론을 거쳐 신론에 이르고 있다.

몰트만은 그의 신학적 사고를 십자가의 신학, 삼위일체론의 신학을 통하여 한층 더 심화시켰다. 그는 인간의 고난, 인간의 역사와 무관한 신학적 사변을 거부하고, 십자가의 사건을 바르트의 신학에 기초하여 삼위일체론적으로 해석하였다. 은혜에 의한 의인과 행위에 의한 자기 의인을 구분함으로써, 바르트의 의인론을 사회적 지평에 적용하고 있다.

몰트만은 개혁교회 신학이 죄인의 의인에 집중하고 있지만, 의인 자체를 넘어서 주어지는 그리스도의 역사적 목표를 간과하고 있다고 지적한다. 불의한 인간은 의인을 통해서 영적 역사 속으로 인도됨으로써, 하나님의 의에 대한 희망과 실천에 복종하게 된다.

몰트만에 따르면, 의인은 새로운 창조로 인도한다. 성령으로 인한 새로운 창조에 관한 항목들, 곧 영원한 삶, 하나님 나라와 창조의 성취를 통한 하나님의 영광에로 인도한다. 십자가의 좁은 영역으로 인도하고, 그 영역을 통해서 부활과 영원한 삶의 새로운 세계로 인도한다. 새로운 창조의 관점에서 몰트만은 의인일원론이나 성화일원론을 극복하려고 한다.[21] 성화의 목표는 의롭게 된 죄인들의 공동체가 새로운 시대와 새로운 창조의 여명 안에서 영원한 생명에 이르는 결실을 이룸에 있다. 교회는 끊임없는 새로운 전향과 영속적인 개혁을 통하여 도래하는, 그리고 성령 안에 이미 현존하는바 세상의 개혁을, 하나님 나라 안에서의 만물의 새로운 질서를, 그리고 모든 피조물의 성화

를 증언한다.[22]

몰트만에게서 의인된 자의 성화와 삶은 세상의 개혁, 피조물의 성화를 가리키며, 다섯 가지 차원의 해방을 내포한다. 첫째, 경제적 차원에 있어서의 해방,[23] 둘째, 정치적 차원에서의 해방,[24] 셋째, 인종적·문화적 악순환으로부터의 해방,[25] 넷째, 자연세계의 해방,[26] 다섯째, 삶의 무의미함과 하나님에게 버림받은 상태의 악순환으로부터의 해방이다.[27] 이러한 해방 개념은 그의 포괄적인 정치신학적 의도를 잘 나타내고 있다.

몰트만은 현대 산업사회에서 소유와 행위에 의해서 자신을 의인화하려는 경향을 지적한다. 이런 자기 의인은 자신의 물질화, 그리고 타인의 격하 없이는 이뤄질 수 없는 것이다. 소유와 행위에 의한 자기 의인은 심리학적으로 에고(ego)에 해당하는 것으로, 무에 대한 깊은 불안에서 나오고, 자기 실존에 대한 증오와 결부되어 있다.[28] 이런 의인은 유유상종의 사회적 원리와 상통하는 것으로써, 인간 사이의 분리, 억압, 단절을 가져오는 사회적 구조악의 뿌리가 된다.[29] 그러므로 인간 사회는 자기 의인에 의해서가 아니라 은혜에 의한 의인을 통해서만 근본적인 신뢰를 회복할 수 있고, 영혼의 자유를 얻게 되는 것이다.

교회는 유유상종의 공동체가 아니라, 서로 다른 사람들의 사귐의 공동체이다. 믿음으로써 의롭다고 인정받은 신앙인이 현실 사회에서 사회, 정치, 경제, 문화, 인종적인 차별과 불의의 벽을 무너뜨리는 성화된 삶의 모습으로 살고자 할 때, 그의 신앙은 메시아적 차원, 윤리적 차원, 정치적 차원을 포함하게 되는 것이다.

II부

칼빈의
의인론과 성화론

1장

칼빈의 의인론(義認論)

그리스도와의 합일(合一)

의인사상은 '은총만, 믿음만, 성서만' 이라는 표어와 함께 16세기 종교개혁을 특징짓는 주요사상으로서 개신교 신학의 출발점이 된다. 의인사상은 종교개혁자들이 처음으로 제창한 것이 아니라, 바울에게서 비롯된 것이다. 종교개혁자들은 중세기에 교권과 편견 등에 가려진 바울의 의인사상을, 마치 오랜 세월 동안 먼지 속에 파묻혀 있던 보물을 발견한 것처럼, 닦고 빛나게 하여 기독교의 진수로서 천명하고 기독교의 새로운 출발을 가능하게 했다.[1] 의인은 루터의 신학사상에서뿐만 아니라 칼빈의 신학사상에서도 중요한 위치를 차지한다. 루터에게서와 마찬가지로 칼빈은 의인을 "모든 구원 교리의 원리요, 모든 종교의 토대"라고 표현하고, 모든 사람은 이 문제를 해결하기 위해서 최선의 노력을 해야 한다고 주장한다.

칼빈의 신학체계에서 성화는 조직적인 배열에 의해 더욱 강조되었다. 칼빈은 『기독교강요』 제3권에서 의인을 중생(regeneration) 또는 성화 다음에 논한다. 중생에 이어 회개와 그리스도인의 삶, 즉 그리스도인의 자유, 기도와 예정 및 부활을 정리한 다음에 의인 교리를 발전시킨다. 이러한 주제의 배열은 일반적인 신학 서술의 패턴을 벗어난 것이므로, 칼빈이 성화에 이어서 의인을 발전시킨 이유를 밝힐 필요가 있다.

칼빈은 종교개혁자들이 바울 시대의 신앙지상주의자(antinominist)들처럼 '믿음에 의한 의인'을 강조함으로써 선행을 경시하고 있다는 로마 가톨릭교회의 비판에 대해서, 중생을 먼저 취급함으로써 의인이 소극적인 삶의 태도를 변명하는 구실이 될 수 없다는 것을 보여주고자 했다.[2] 니젤(W. Niesel)에 따르면, 칼빈은 '그리스도가 우리를 소유하고, 우리가 그와 합일되면, 우리는 죽고 새로운 삶으로 부름 받는다.'는 것을 의인에 앞서 논함으로써, 로마 교회와의 논쟁에 근거를 제시하고자 했다. 그래서 "그리스도는 복음을 통하여 믿음으로 용납되는 분이다. 그리스도는 우리를 하나님과 대적해 있는 옛 상태 그대로 있게 하려는 것이 아니라, 변화시켜 그리스도의 죽음과 부활에로 이끄신다."라고 설명한다.[3]

칼빈에 따르면, 성화와 의인 사이에는 인과적 관계가 없으며, 어느 하나가 다른 것의 최종적 목표가 되지 않는다. 칼빈이 의인보다 성화를 먼저 논한 것이 전자보다 후자가 더 중요하다는 것을 의미하지는 않는다. 오히려 이 둘은 동일한 원천이 되는 성령의 구체적인 역사의 결과요, 그리스도와의 합일로부터 나오는 것이기 때문에 논리적으로 구별은 될지라도 상호 불가분의 관계를 갖는다.

칼빈에 따르면, 죄의 사유(赦宥)와 성화, 또는 의인과 중생은 우리가 그리스도와의 합일로 말미암아 얻게 되는 최상의 두 선물이다. 그것은 그리스도와의 합일이 의인과 성화에 앞서 있다는 것을 의미한다. 즉 우리가 하나님으로부터 받는 선물은 어떤 능력이나 진리나 우리의 본성의 개선 등이 아니라, 예수 그리스도 자신이라는 것이다. 그러기에 칼빈은 하나님께서 허락하신 하나의 은총을 말할 때 언제나 그리스도를 가리키며, 하나님과의 만남은 그리스도의 중재를 통하여 이룩된다고 여긴다. 칼빈은 하나님이 그의 독생자 예수 그리스도에게 부여하신 은총이 우리에게 이르도록 하려면, 그리고 우리가 그리스도의 은총에 참여하려면 가능한 한 그리스도와 우리 자신을 하나 되게 해야 한다고 생각한다. 그리스도와의 합일은 하나님이 그리스도에게 부여하신 은총을 받는 데 있어서 불가피한 것으로 이해된다.

칼빈에게서 믿음에 이르는 첫 단계는 하나님이 우리의 아버지 되시며, 우리가 그의 나라의 영원한 상속을 계승할 때까지 우리를 보호하시고 통치하시고 양육하신다는 사실을 아는 것이다. 그리스도 없이는 구원에 이르는 하나님에 대한 지식이 있을 수 없다.[4] 완전한 구원은 예수 그리스도의 인격 안에서 발견된다.[5] 그리스도가 어떻게 우리의 것이 되며, 우리 밖에 계신 그리스도가 어떻게 우리 안에 계신 그리스도가 되는가에 대한 답변은 믿음에 의해서 주어진다. 칼빈은 '그리스도께서 우리의 머리'가 되시고, 우리는 그에게 '접붙임을 받음'으로써 그리스도 안에서 한 몸이 된다고 설명한다. 오직 믿음에 의해서 그리스도와 한 몸을 이루게 된다. 그리스도께서 머리가 되시고, 우리가 그에게 접붙임 받음이 모두 믿음에 의해서 주어지는 것이다. 즉, 회개와 그리스도를 통한 죄 사함으로 말미암아 주어지는 것이다.[6]

칼빈에게서 그리스도는 우리 밖에 계신 것이 아니라 우리 안에 거하신다. 그는 우리와 불가분리의 약속을 하실 뿐만 아니라, 완전히 우리와 하나가 되시기까지 우리와 자신을 연합하신다.[7] 그러나 그리스도와 하나가 되는 것은 마지막 날까지 우리의 전생을 바치고 그리스도 안에서 살아가야 하는 것이다.[8] 그러므로 우리가 우리 자신들에게만 의지한다면 예수 그리스도는 성육신 안에서 계시된 신으로 인식할 수도 없으며, 인정될 수도 없다. 그분과의 관계를 회복하는 것은 우리 쪽에서는 가능하지 않다. 이것은 무엇을 의미하는가? 칼빈에 따르면, 우리가 그리스도와의 모든 은혜를 누리게 되는 것은 성령의 역사 때문이라고 한다.[9]

성령은 우리로 하여금 그리스도와 연결되게 하시는 분이시다. 성령은 우리로 하여금 복음을 굳게 믿게 되도록 도우신다.[10] 칼빈은 바울이 그리스도의 은혜와 하나님의 사랑을 고린도 교우들에게 기원하면서 성령의 교통하심을 연결시키고 있음에 주목한다. 그리고 성령의 역사 없이는 하나님의 자비나 그리스도의 은사의 진정한 의미를 알 수 없는 것이라고 한다.[11]

칼빈에게서 믿음은 하나님의 특별한 선물이며, 성령의 가르치심에 따라서 말씀 안에서 일어난 것이다. 지혜는 그리스도와의 연합을 위해서는 아무런 가치가 없으며, 다만 도덕적인 것에 불과하다.[12] 믿음과 그 내용인 그리스도는 직접적으로 연결되는 것이 아니라 성령의 중재가 필요하다. 우리가 믿음을 통해서 예수 그리스도와 교제를 한다고 할 때, 이 믿음은 성령으로부터 받는 것이다.[13] 성령의 역사에 의해서 우리는 믿음으로 말미암아 구원을 위한 모든 것을 얻게 되며, 그리스도와의 연합을 이루게 된다. 그리스도의 은혜로 말미암아 성령으로부터 받은 믿음이 우리를 그리스도와 연결하는 유일한 띠가 된다. 그리고 이 연결이 우리를 위해서 그리스도께서 획득하신 모든 은혜를 즐기는 전제 조건이다.[14] 그리스도에게서 비롯한 성령은 우리에게 믿음의 열정을 일으키며 그리스도와의 사이를 연결한다. 이러한 의미에서 칼빈은 '머리와 지체의 연합', '우리의 마음에 그리스도께서 내주하심', '숨겨져 있는 합일', '그와 우리 사이에 거룩한 결혼'을 그리스도에 의해서 획득된 구원을 위한 근본적인 문제라고 가르친다.

칼빈은 의인사상과 성화사상을 그리스도와의 합일에 의한 중생에서부터 시작하며, 이 중생은 자기의 죄인 됨을 알고 하나님 앞에서 회개하여 계속적으로 죄의 용서를 구함으로써 유지된다고 말한다. 의인과 성화는 그리스도와의 합일에서 주어지는 선물이며, 새로운 생명의 내용이 된다. 바로 여기에서 칼빈은 '그리스도의 몸에 접붙임을 받는다.'는 표현을 사용한다.[15] 칼빈에 따르면, 그리스도는 끊을 수 없는 교제의 줄로 우리를 자신과 연결시킬 뿐만 아니라 놀라운 연합으로 결국 그가 완전히 우리와 한 몸이 될 때까지 매일매일 점점 더 우리와 하나가 되신다.[16] 그리고 그리스도와의 합일에 의해서 우리는 그리스도에게 부여된 하나님의 모든 은혜에 참여할 수 있게 된다.

칼빈은 하나님의 은혜에 참여하게 되는 것을 두 가지 은혜, 즉 이중 은사를 얻게 되었다고 설명한다. 첫째로, 그리스도의 순결함에 의해서 하나님과 화해하게 됨으로써, 하나님을 하늘에 계신 심판관으로서가 아니라 자비로우신 아버지(의인)로 모시게 되는 것이다. 둘째로, 그리스도의 영에 의해서 거룩해짐(성화)으로써, 거듭난 인생을 흠 없고 순전한 모습으로 살게 되는 것이다.[17] 이러한 이중 은사는 오직 믿음을 통해서 성령의 역사로 이루어지는 그리스도와의 연합에 의해서 가능한 것이다. 즉, 의인과 성화는 예수 그리스도와의 합일에서 이루어지는 동시적인 은사인 것이다.

의인(Justification by faith)

의인이란 예수 그리스도가 죽기까지 순종을 통해서 얻으신 의에 우리가 참여(participation)하는 것이며, 그럼으로써 하나님 앞에서 죄인이 아니라 의인으로써 인정받게 되는 하나님의 심판적 행동이다.[18] 행위에 의해서는 옳다는 증거를 받을 수 없는 죄인이지만 믿음을 통해서 그리스도의 의를 붙잡아, 그 의를 입고 하나님 앞에 나타날 때, 죄인으로서가 아니라 의인으로서 인침을 받게 되는 것이다. 하나님께서는 그리스도를 믿는 죄인인 우리를 의인으로 받아주시며 은혜를 베풀어주신다. 의인은 상속이 아니고 죄를 용서하는 것과 그리스도의 의를 우리에게 전가하는 것이다.[19] 이것은 아담이 죄를 범함으로써 자손에게 죄를 전가시킨 것처럼, 그리스도를 믿음으로써 그리스도의 의가 믿는 자에게 전가되는 것이다(고전 15:45; 롬 3:26, 8:33-34; 갈 3:8). 그리스도의 중재로 의롭다 인정받는 죄 사함은 우리가 무죄하기 때문이 아니라 그리스도의 의를 우리에게 전가해주셨기 때문이다. 그럼으로 의로운 자가 아님에도 불구하고 그리스도 안에서 의로운 사람으로 인정받게 된 것이다.

칼빈은 믿음으로 의롭다고 인정하는 것을 죄의 사면으로 해석하며, 의롭다 함을 율법의 행위에서 분리시키고 있다: "너희가 알 것은 이 사람을 힘입어 죄 사함을 너희에게 전하는 것이며, 또 모세의 율법으로 너희가 의롭다 하심을 얻지 못하던 모든 일에도 이 사람을 힘입어 믿는 자마다 의롭다 하심을 얻는 이것이라."(행 13:38-39). 여기서 죄의 용서와 의롭다고 인정함은 온전히 그리스도의 은혜이다.[20] 의인은 믿음에 의해서 받는다.—믿음으로써 의롭다고 인정받는 것이다. 누가복음 18장에서, 세리가 죄를 용서받은 뒤에 하나님 앞에서 '의롭다' 고 인정을 받게 되는데, 그의 행위가 옳다고 인정을 받아서가 아니라 하나님께서 그의 죄를 용서해주셨기 때문이다. 의인은 곧 하나님의 은혜로우신 용납이며 죄의 용서이다. 바울은 하나님께서 "기쁘신 뜻대로 우리를 예정하사 그리스도로 말미암아 자기의 아들들이 되게 하셨으니, 이는 그의 사랑하시는 자 안에서 우리에게 거저 주시는 바 그의 은혜의 영광을 찬미하게 하려는 것이다."(엡 1:5-6)고 한다. 의롭게 되는 것을 '사랑하는 자 안에서 영접한다.' 고 표현하는 것이다.

칼빈에 따르면, 믿음으로 인한 의와 행함으로 인한 의 사이에는 본질적인 차이가 있다. 어느 한편을 얻기 위해서 다른 한편을 버려야 한다. 바울은 "내가 모든 것을 배설물로 여김은 그리스도를 얻고 그 안에서 발견되려 함이니, 그가 가진 의는 율법에서 난 것이 아니요, 오직 그리스도를 믿음으로 말미암은 것이라."고 하였다(빌 3:8-9; 롬 10:3, 4:2, 4:4). 그리스도의 의를 얻기 원하는 자는 자기의 의를 버리지 않으면 안 된다는 것이다. 바울은 '자기 의'가 유대인 멸망의 원인이 되었다고 하면서, 유대인들이 자기 의를 세우려고 하나님의 의를 복종치 아니하였다(롬 10:31)고 지적했다. 자기의 의를 내세움으로써 하나님의 의를 버리게 되는 것이라면, 하나님의 의를 얻기 위해서는 자기의 의를 버리지 않으면 안 된다. 바울은 하나님의 의를 얻게 됨은 율법 때문이 아니요 믿음 때문임을 분명히 했다. 로마서 4장에서, 바울은 아브라함이 행위로써 의롭다 함을 얻은 것이 아니라고 한다. 오히려 반대로 말씀한다. "일하는 자에게는 그 삯이 은혜로 여겨지지 아니하고 보수로 여겨진다."(롬 4:4)는 것이다. 하나님의 의는 행위에 의한 공로로 말미암은 것이 아니다. 오직 믿음에 의해서 은혜로써 받게 되는 것이다.

칼빈은 바울의 말씀을 해석하면서, 하나님의 의가 믿음과 행위에 의해서 받게 되는 것이라는 착각에서 벗어나야 한다고 지적한다.[21] 그리고 의인의 단계가 있음을 설명한다.

첫째, 하나님께서는 인간이 죄 가운데서 하나님의 긍휼을 바랄 수밖에는 아무것도 없는 비참한 상태에 놓여 있음을 아시고, 순전하고 값없이 주시는 은혜로 인간을 받아들이시기로 결심하였다. 그 이유는 하나님께서 인간의 선행이 전혀 결여되어 있음을 알고 계시기 때문이다. 그래서 인간에게 대하여 자비를 베풀어야 하실 이유를 자신 속에서 찾으시는 것이다.

둘째, 하나님께서는 그의 선하심으로 죄인을 감동시킴으로써 죄인이 자신의 행함을 불신하고, 자기의 구원 전부를 하나님의 긍휼에만 맡겨버리도록 하시는 것이다. 이것이 바로 믿음의 의식으로서, 그것을 통하여 자신이 하나님과 회복되었다는 사실을 체험(알게)하게 될 때, 자기 구원을 소유하기에 이르는 것이다. 그것은 곧 그리스도의 의의 중보에 의하여 죄사함을 완수하여 죄인이 의롭게 된다는 것이다.[22] 이와 같이 아무도 율법으로 말미암아 하나님 앞에 의롭게 되지 못한다는 것이 명백함을 알게 된다. 그 이유는 "의인은 믿음으로 말미암아 살리라."(롬 1:17)고 하여 복음의 조건은 믿음이지만, 율법은 믿음에서 난 것이 아니라 이를 행하는 자는 그 가운데서 살리라(갈 3:11-12; 합 2:4)고 하여 율법의 조건이 행위임을 증명하고 있기 때문이다. 만일 행함이 믿음과 상관이 없는 전혀 별개의 것으로 분리되어 있어야 한다는 것이 확인되어 있지 않는다면 어떻게 이 논리가 성립될 수 있겠는가? 율법은 믿음과 별개의 것이다. 그 이유는 율법적 의를 위해서는 행함이 요구되어 있기 때문이다. 그러므로 행함은 믿음의 의를 위하여 요구되지 않는다는 말이 된다. 이 관계로 보아 분명하게 된 것은 믿음으로 말미암아 의롭게 되는 자들은 행함의 공로와 상관없이 아니 행위의 공로를 넘어서서 의롭게 되는 사실이다. 왜냐하면 믿음은 복음이 주는 의를 받아들이기 때문이다. 복음이 율법과 다른 것은 복음이 의를 행함에 관련시키지 않고 전적으로 하나님의 긍휼에 두고 있다는 것이다. 그가 주장하고 있는 것도 이와 비슷하다. 아브라함은 자기의 의를 자랑할 기회가 없었다. 그가 하나님을 믿고, 이것을 자신의 의로 여겼기 때문이다. 바울은 상급을 받을 가치가 있는 어떤 행위도 없는 곳이야말로 신앙적 의를 얻게 되는 자리라고 한다(롬 4:24). 그렇기 때문에 의인은 은혜에 따라서 믿음으로 말미암아 받은 것이라는 결론에 도달하게 된다.[23]

칼빈은 믿음의 의는 하나님과 화목이며, 이것은 오직 죄사함 가운데서만 존재한다는 말이 얼마나 진리인가를 검토해보자고 했다. 우리는 언제나 모든 사람들이 계속 죄인으로 있는 한 하나님의 진노가 임한다는 말의 원리에 돌아가야 한다. 이사야는 "야훼의 손이 짧아 구원하지 못하심도 아니오, 귀가 둔하여 듣지 못하심도 아니라. 오직 너의 죄악이 너희와 네 하나님의 사이를 내었고, 너의 죄가 그 얼굴을 가리워서 너희로 듣지 않으시게 함이니라."(사 59:1-2)고 했다. 우리는 죄라는 것, 하나님과 사람 사이의 분리가 하나님의 얼굴을 죄인으로부터 돌리게 하는 것이라고 알고 있다. 그리고 하나님께서는 죄와 어떤 교제도 가질 수 없으며, 죄는 그의 공의와 대치되는 이질적인 것이기 때문에 그렇게 되는 수밖에 없다. 이런 이유 때문에 바울은 인간은 그리스도를 통하여 은혜로 회복될 때까지는 하나님의 원수라고 한 것이다(롬 5:8-10). 그리고 그가 영접하여 자기와 연합케 하는 자들을 의롭다 하신다고 했다. 그것은 그가 죄인을 의인으로 전환시켜주시지 않는 이상 죄인을 은혜 가운데 영접도, 연합시킬 수도 없기 때문이다.
우리는 이것이 죄사함을 통해서 성취된다고 본다.[24]

칼빈은 믿음에 의한 의인을 말하면서도 우리가 지닌 믿음 그 자체
의 능력이나 가치로 의로워진다고 하지 않는다. 만일 그렇게 이해한
다면 믿음도 일종의 행위가 된다고 생각한다.[25] 이렇게 칼빈은 믿음을
통해서 우리가 의롭다고 인정을 받는 면을 강조하면서도 중요한 것은
도구로서의 믿음이 아니라 오히려 그 믿음의 대상인 그리스도 자신과
그의 일이다. 왜냐하면 만일 믿음이 그 자체의 어떤 능력에 의하여 인
간을 의롭게 한다면 믿음은 언제나 약하고 불완전하기 때문에 의인은
부분적으로 유효하고 구원의 부분만을 우리에게 줄 것이다.[26] 칼빈에
게서 믿음은 빈 그릇이다. 이 빈 그릇에 보화인 그리스도가 담겨 있기
때문에 중요한 것이다.

의인과 의의 전가(轉嫁)

칼빈에 따르면, 믿음은 하나님의 은혜로서 주어지고 맺어진 열매이
다. 그리스도는 하나님의 은혜로서 우리에게 보내지셨고, 우리는 믿
음을 통하여 그리스도를 받아들이고 소유하게 된다. 칼빈에게서 '하
나님 앞에 의롭게 된 사람' 은 하나님의 심판에서 의로 간주되고 그의
의 때문에 용납된 자를 말한다. 의롭다함을 입었다는 것은 죄인 된 상
태로서가 아니고 의인으로 인정될 때를 말한다. 이 확증은 하나님께
서 하시는 일이다. 고로 그리스도 안에 있는 사람은 죄인으로서가 아
니라 하나님 앞에서 의로운 사람이다. 하나님께서 그의 은혜로 우리

를 의로운 사람으로 받아주시는 것이 곧 의인이다. 그것은 '용서' 와 '죄사함', '그리스도의 의의 전가' 에서만 성립된다.[27] 바울은 로마서에서 처음으로 의인을 "의의 전가"라고 부르고 있으며, 이것을 죄사함 속에 포함시키기를 주저하지 않는다. 즉 바울은 "일한 것이 없이 하나님께 의로 여기심을 받는 사람의 행복에 대하여 다윗의 말한 바 그 불법을 사하심을 받고 그 죄를 가리우심을 받는 자는 복이 있다." (롬 4:6-7; 시 32:1)고 하였다.

칼빈은 의인을 논하고 있는 것이 아니라, 그 전제를 논하고 있다. 더 나아가서 그는 다윗이 죄를 용서함 받은 자는 복이 있다고 한 것을 그대로 인정하고 있다. 의를 죄책의 반대 개념으로 대치시키고 있음이 분명하다. 이 문제에 대해서 가장 적절한 구절(고후 5:18-20)은 복음의 메시지가 하나님과 화목하게 되는 것이라고 가르친다. 하나님께서는 우리의 죄를 우리에게 전가시키지 않으시고 그리스도를 통한 은혜 가운데서 영접하시기 때문이다. 바울은 "죄를 알지도 못하신 그리스도께서 우리를 대신하여 죄를 받으셨다."(고후 5:21)고 말씀한다. 여기서 바울은 '화해됨' 과 '의롭다고 인정됨' 을 같은 의미로 사용하고 있다. 그리고 우리가 '그리스도의 순종하심' (롬 5:19)에 의해서 의롭게 되었다고 말씀한다. 그리스도 안에서 하나님께 의롭다고 인정을 받지 않는 한 우리 자신의 의가 성립될 수 없는 것이기 때문이다.[28]

칼빈이 의인론을 전개하는 과정에서는 '트랜트 공의회' 에서 로마 가톨릭교회가 채택한 의인론과 루터교 신학자 오시안더(Osiander)의 의인론에 대한 반론이 발견된다. 트랜트 공의회에서는 '의로워지는 것은 하나님의 은총이 자극하고 격려하고 도와서 된 인간의 업적에 의한 것'이라고 주장했다. 다른 한편, 칼빈이 『기독교강요』에서 거듭 비판의 대상으로 삼은 오시안더는 의인이 그리스도와의 합일에서 이루어진다고 말했지만, 이 합일을 본질의 화합으로 이해했다. 그러나 칼빈은 오시안더가 주장한 신과 인간의 동등한 본질적 합일을 거부했다. 죄인이 의롭게 되는 것은 예수 그리스도 안에 나타난 하나님의 의가 믿는 자에게 전가되기 때문이라고 믿기 때문이다. 동시에 칼빈은 믿음으로 인한 행함으로 하나님의 의를 얻는다는 주장을 거부했다.[29]

칼빈에 따르면, 우리는 행위에 의해서는 불의하지만 그리스도의 의를 입고, 그리스도의 믿음을 통하여 의롭게 된다. 이것은 하나님이 우리에게 그리스도의 의를 입히시고 유죄한 인간에게 무죄 선언을 하시기 때문이다. 그러므로 하나님 앞에서 우리의 의인은 일종의 용납이다. 하나님은 은혜 가운데서 우리를 받아들임으로써 우리를 의로운 자로 간주한다. 우리는 의인이 죄의 사유와 그리스도 의의 전가에서 성립한다고 말한다.[30] 여기서 죄의 용서와 의의 전가는 동시적 사건이다. 하나님은 용서하시면서 의롭다고 인정하신다.[31] 그리스도인의 생활은 의인의 기초 위에 있는 성화의 영역인 것이다.

2장

칼빈의 성화론(聖化論)

성화의 삶

의인은 하나님께서 외부 세계에서 인간을 의롭다 선포하는 법적 선포이나 성화는 인간 내부에서 인격이 성결해지는 것을 말한다. 칼빈에 따르면, 의인이 믿음으로 되는 것처럼 성화도 믿음으로써만 가능하다. 그는 의인은 하나님의 은총의 결과로, 예수의 십자가의 공로로 일어나고, 성화는 보내주신 성령의 역사로 일어나기 때문에 전적으로 하나님의 은혜라고 강조하였다. 칼빈은 우리가 그리스도와의 합일에 의하여 받는 최상의 은사를 의인이라고 가르친다. 우리가 믿음에 의해서 그리스도와 합일에 들어가고 그에게 접붙임을 받는 것은 우리가 그의 영으로 산다는 것을 뜻하며, 그리스도가 우리 안에 내재할 뿐만 아니라 우리의 전 존재를 그의 소유로 만든다는 것을 의미한다. 달리 말해서, 그가 우리를 그의 소유로 삼는 것은 우리로 하여금 그에게 성실하게 살게 하려는 것이며, 하나님을 떠난 삶이 더 이상 있을 수 없음을 말한다. 그러므로 그리스도와 합일되고 그의 영으로 사는 것이 성화의 삶이다.

칼빈은 성화에 양면이 있음을 강조한다. 하나는 옛 사람이 죽는 자기 부정의 삶(mortification)이고, 다른 하나는 새로운 피조물로 출발하는 갱생의 삶(vivification)이다. 전자는 그리스도 십자가의 죽음의 능력에 의해서 하나님의 의에 상응하는 새로운 본분을 자각하는 것이다. 이것이 이른바 회개의 결과에서 나타난 성화의 양면이다. "나는 단순히 회개를 성화로서 설명한다. 그것의 유일한 목표는 아담의 범죄를 통해서 더러워졌고, 거의 없어진 하나님의 형상을 우리 안에서 다시 회복시키는 것이다."[1] 여기서 칼빈은 본래적인 그러나 파괴된 하나님의 형상(*Imago Dei*)을 우리 안에서 회복시키는 것이 성화라고 한다. 우리 안에서의 하나님 형상의 회복 혹은 자기 부정의 삶과 갱생의 삶으로 말미암은 성화는 오로지 그리스도 안에서만 우리에게 현실로 나타나는 사건이라는 것을 주목해야 한다. 즉 칼빈이 그리스도가 우리를 위하여 획득한 모든 은사를 우리에게 부여하신다는 것을 주장하면서도, 그 은사들은 그리스도라는 유일한 은총에서 유래한 것으로 확신하기 때문에 여전히 중보자 그리스도를 지적하고 있다는 것이 강조되어야 한다.

칼빈은 "회개는 중생이다."라고 하면서, "중생(성화)의 유일한 목적은 아담의 범죄로 말미암아 거의 멸절되었던 하나님의 형상을 우리 속에 다시 회복시켜주는 데 있다."고 말한다.[2] 그러나 칼빈은 우리가 단번에 성화되거나 성도가 되는 것을 말하지 않는다. 믿는 자는 목적지까지 이르기 위하여 회개라는 과정을 통하여 평생토록 질주함으로써 목적을 달성하게 되는 것이다. 그런데 이러한 것들은 그리스도 안에 참여할 때 우리에게 나타난 것, 그리스도 안에서만 우리에게 현실로 주어지는 것이다.[3] 그래서 칼빈은 성화란 그리스도 안에서 일생동안에 이루어지는 것이라고 한다. 단 한 번에가 아니라 점차로 성화되어가는 것이다. 하나님의 형상을 회복하기 위해서, 끊임없이 노력하는 가운데, 하나님께서 택하신 그의 백성의 육적인 부패를 씻어주시는 것이다. 그래서 그들의 몸이 하나님의 성전이 되도록 하신다.[4] 그러므로 우리는 우리 자신을 떠나 하나님을 향하는 삶을 살아야 한다. 칼빈은 "악을 버리고 선을 행하라."(시 34:15)는 말씀에 기초해서 "사실 우리가 자신을 벗어버리고, 본성을 떠나는 것은 죽을 정도로 힘이 드는 일이다."고 말한다. 그러나 우리의 육적인 것은 (보편적인 면에서) 하나님을 거슬러 대적하는 것이므로(롬 8:7), 하나님의 말씀에 따라서 복종하는 첫 단계는 우리의 본성을 부인하는 데 있다.[5] 우리는 나면서부터 하나님으로부터 떠나 있기 때문에 자기를 부정하지 않으면 우리는 절대로 하나님께 접근할 수 없다.[6] 그러므로 성화란 우리의 일생의 삶을 매 순간마다 그리스도에게 복종시키는 것을 말한다.

그리스도 안에서 교회의 성화

교회는 성령의 활동의 장이요, 성화의 장이다. 교회는 예수 그리스도에게 부어졌던 왕적 제사장적 기름부음에 참여함으로써만이 성화될 수 있다. 하나님께서 교회로 하여금 성령으로 성결케 된 예수의 인성을 예수 안에서 계시된 것처럼 하나님의 형상을 따라 새롭게 창조하여,[7] 사람들로 하여금 새로운 피조물로 거듭나게 하는 데 필요한 성령의 모든 은혜들의 거처가 되게 하셨다. 그리스도께서 영적 부와 권능에 대하여 소유한 모든 것은 그것이 하나님 아버지께로부터 온 선물이거나 아니면 그 자신의 자기 성화의 결과로 얻은 것이든지 간에 그는 자기 자신을 위해서 소유하지 않았다. 다만 가난하고 궁핍한 자를 부유하게 함이었다.[8] 왜냐하면 그는 전혀 아무것도 부족함이 없었기 때문이다. 그는 자신이 누릴 수 있게 될 어떤 개인적인 이익을 위해서 자신을 성결케 한 것이 아니고, 교회라고 하는 공동체와 나아가서 전 세계가 그의 거룩함으로 충만케 되게 함이었다. 칼빈은 제사장을 거룩하게 하는 구약의 의식에서 그리스도의 성화가 우리에게 나누어주시게 되는 방식의 실례를 보는 것이니, 이 예식에서 기름이 먼저 머리에 부어지고 그 다음 온몸에 흘러내렸다. 이와 같이 그리스도께서 교회에 자기 은사를 나누어주심에 있어서도, 그는 교회의 머리로서 자기가 받은 하늘의 기름부음이 교회라고 하는 온몸에 흘러넘치도록 단지 입히시는 것이라고 이해했다.[9]

이러한 그리스도의 자기 성화에 교회가 참여한다는 것은 무엇을 말하는가? 예수 그리스도의 인성은 구원과 생명의 권능이 교회로 넘쳐

홀러 들어올 수 있는 유일한 통로가 되었다. 그리스도가 성결케 될 때에 그에게 주어졌던 모든 것은 성령에 의하여 교회에게 전달되고 분배되는 바로 그 목적을 위한 것이다. 성령은 교회가 성화함에 있어서 예수 그리스도 안에 있지 아니한 것은 아무것도 교회에 허락하지 않음은 물론이고 교회 안에서 일으키지도 않는다. 그리스도는 이제 하나님 우편에 앉아 계시면서 교회에 그 자신의 은혜들과 은사들을 전해주고 교회가 그것의 사명을 위해 보존되고 구비될 수 있게 되기를 원하고 있다. 이제 남은 것은 그리스도와 교회와의 신비적 연합이다. 그리스도의 인성은 교회의 성화를 위한 유일한 통로이며 원천이다. 우리 개인이나 교회가 그리스도의 성화에 참여하기 위하여 우리는 그리스도의 인성에 연합되어야 한다. 우리를 자신과 연합하는 신비적 연합을 통하여 그리스도는 우리 안에 거하시고 이 끊을 수 없는 교제와 신비한 교통에 의하여 매일 점차 우리와 한 몸을 이루어 마침내 그는 우리와 하나가 되신다.[10] 이 연합에 의하여 그리스도가 우리와 한 본체가 되며,[11] 우리는 그의 뼈 중의 뼈요 살 중의 살이 된다.[12] 그러나 이 연합이 성령의 능력으로 이루어지는 영적 연합(spirit-ual union)으로써, 그리스도와 우리가 총체적으로 혼합되는 것은 결코 아니다. 이 연합은 오직 믿음으로, 그리고 성례에 의해서 이루어진다. 성례는 믿음에 대하여서 베풀어지는 것이며 우리를 이 연합에 참여케 하는 유형적이고 가시적인 방편으로 간주되어야 한다. 세례와 성찬예식들이 그리스도에 의하여 제정된 것은 이 연합이 계속적으로 교회의 생활 속에서 효력이 있게 하고, 이 연합이 우리의 의인과 성화의 원천임을 계속적으로 우리에게 새겨두기 위함이었다.

그리스도의 인성과 우리의 연합으로부터 생명을 얻는다는 것을 계속적으로 믿음으로써 우리는 살 수가 있는데, 성찬은 이 사실을 우리에게 계속 반복하여 보여주는 표적이고, 세례는 그리스도의 몸에 접붙임 받는 이 연합의 신비에 실제적으로 단번에 들어간 것을 보여주는 가시적인 표적이다.[13] 그러므로 그리스도 안에서의 교회의 성화는 개인의 성화와 마찬가지로 신앙의 이중 열매 중 하나이다. 이 성화는 교회의 제사장적 봉헌과 온 마음을 다하는 산 제물로서 드려져야 하고, 교회는 세속적 활동을 성화시켜야 할 책임을 갖고, 자기 봉헌의 영감인 감사의 생활로 이어져야 한다. 나아가서는 성례전적인 자기 봉헌에 수반되는 외경이 사랑과 감사에 병행되어야 하며, 칼빈은 이 감사와 외경이 하나님의 영광을 목적으로 한다는 것을 강조한다.

칼빈은 교회의 자기 봉헌에서 우리가 제사장으로서 대제사장이신 예수 그리스도의 생명, 그의 십자가와 부활에 나타난 성화와 그 모형을 본받는다는 것은 단순한 모방이 아니라 연합에 달려 있다고 말한다. 성육하신 예수 그리스도가 그 생애와 죽음과 부활에서 전적으로 하나님 아버지의 뜻대로 자신을 봉헌하시고 순종하심으로 받은 부활과 승리를, 우리가 그리스도와의 연합의 관계 속에서 그를 모범으로서 본받아 한다는 것이다. 그리스도와 연합되어 있는 그리스도의 몸(교회)의 지체들은 그리스도의 삶 속에서 이루어진 죽음과 부활의 모형과 비슷한 모형으로 그들의 역사적 생애와 궁극적 운명을 살아가야 한다. 그러므로 우리는 그리스도를 내면적 갱신을 통해서 닮아갈 뿐 아니라, 치욕과 고통의 외부 환경에서도 그리스도를 닮게 되는 것이다.[14] 이와 같은 목적을 위하여 하나님은 그 아들의 몸인 교회에게 성령으로 자기 백성을 특별한 방식으로 양육하고 훈련하여 그들로 하여금 그의 아들의 형상을 닮을 수 있게 하신다.[15]

그리스도와의 밀접하고 신비적 연합을 누리는 그리스도의 몸 된 교회는, 그리스도의 죽음과 부활과 그의 생애의 모형을 따라 그것의 역사를 이룩하기 위하여, 내적 교사인 성령의 능력 안에서 양육되고 훈련받아 그리스도의 장성한 분량에까지 이르는 도상의 교회로 남아 있어야 한다. 칼빈에 따르면, 교회는 성령이 그 안에서 역사하는 한에서만 '참 어머니'이다.[16]

교회의 기능으로는 모성적 기능뿐만 아니라 학교로서의 기능도 있다. 신앙생활의 관점에서 우리는 항상 배우는 자들로서, 교회 안에서 인도와 보호를 받으며 나아가는 것이다. 교회는 그리스도 안에서 장성한 사람으로 성숙해가는 점진적인 교육의 장이다.[17] 교회 안에서 우리는 평생토록 배우는 자들이다. 교회는 그리스도의 몸이요, 성령이 거하시는 처소요 집이기 때문에, 어느 누구도 소홀히 여김을 받을 수 없으며, 어느 누구도 앞세울 수 없다. 교회는 하나의 연합이지만, 말씀 안에서 부르심을 받은 자들로 구성된 연합체이다. 선택받은 자들의 공동의 목적은 성화이다. 선택은 뿌리와 같아서, 그 열매로 선을 맺게 된다.[18] 선택된 자로서 교회 안에 있다고 하는 확신이 성화에 있어서 중요한 요소이다. 구원과 성화는 하나님의 선택과 연결되어 있으며, 선택은 다른 축복이 흘러나오는 원천이기도 하다.[19]

칼빈은 성화의 확신은 교회를 떠나서는 가질 수 없다고 한다. 주께서 성도의 교통함을 통해서가 아니고서는 자기의 긍휼을 약속하지 않으셨기 때문이다.[20] 그러므로 우리가 교회에 속하고, 그럼으로써 하나님의 백성 가운데 선택되어 있다는 사실에 의하여 우리는 우리 자신을 부단히 위로하고 격려할 수가 있다. 우리는 교회의 복지를 포함하는 약속들을 토대로 우리 각자에게 제공된 위로를 우리 자신에게 적용하는 법을 배워야 한다. 칼빈에 따르면, 성서적으로 성화에는 선택이란 의미와 함께 분리라는 의미도 내포되어 있다.[21] 교회 안에서 우리는 분리되지만, 한 몸의 지체로서 분리되는 것이며, 근본적으로는 성화될 수 있도록 한 몸으로 연합되는 것이다.[22]

하나님의 말씀은 "교회의 손을 빌려 신적으로 제공된 신령한 양식"으로서, 만일 우리가 이 양식을 먹기를 게을리 하면 파멸에 이르게 된다.[23] 하나님의 말씀은 하나님께서 약속하신 복이 본래의 근원으로부터 흘러나와 우리에게 이르게 되는 통로이다. 성령은 말씀을 방편으로 하여 영원한 생명과 하나님의 나라가 우리에게 이르게 되는 통로이다. 말씀은 그리스도 자신이 교회 안에서 우리 가운데 계시며, 우리를 깨끗하게 하시며, 구속하기 위하여 흘리신 그의 피가 우리 영혼에게 적용되는 도구이다.

교회는 말씀이 계시되는 곳이다. 하나님이 자신을 계시하실 때, 교회에서 선포되는 말씀을 통해서 드러내신다.[24] 여기서 칼빈이 언급하는 말씀은 개인적으로 읽고 묵상하는 말씀이 아니고, 교회의 사역을 통해서 전달되는 '선포로서의 말씀' 이다. '교회 내에서의 복음', '교회 밖으로 전달되는 말씀의 선포', '몸으로 감당하는 사역'을 통해서 '성도들의 성화가 이루어져 그리스도의 몸(교회)이 세워지는 것'을 뜻한다.[25]

하나님의 말씀에 우리 자신을 복종시키는가의 여부가 하나님을 두려워하는지 여부에 대한 확실한 시금석이다.[26] 그리스도인은 중생하지 못한 자기 이성과 하나님의 말씀 사이에서 끊임없이 일어나는 긴장과 갈등 속에서 성령의 인도하심을 따르기 위하여 육신의 분별력을 포기하게 된다. 그래서 우리의 모든 정신적 · 인식적 기능들을 하나님의 말씀에 순복시키면, 다른 기능들이 사랑과 순종으로 나가게 되고 우리의 삶이 크게 성화되는 결과를 가져온다. 우리에게 사상의 성화가 필수적인 것이다. 이렇게 그리스도를 믿는 신자는 신앙의 양육기관인 교회, 즉 어머니와 학교로서의 교회에서 인도와 보호와 양육과 훈련을 받는다. 이것은 전적으로 성령의 사역에 의해서 일어난다. 교회 안에서 성령으로 양육 받고 훈련받은 신자들은 교회 밖에서는 세계에 대한 선교의 사명을 가지게 된다.

칼빈에 따르면, 교회는 거룩하고 보편적이고 사도적인 곳이다.[27] 교회의 선포는 성령으로 말미암는다. 성령을 떠나서는 교회의 선포가 있을 수 없고, 선포를 떠나서는 교회의 목적이 있을 수 없으며, 교회를 떠나서는 계시의 복음이 있을 수 없다.[28] 중생, 믿음, 회개, 의인, 성화, 사랑 등 구원의 역사는 교회에서 일하시는 성령에 의해서 일어난다.

성령은 하나님의 영이고 그리스도의 영이며, 말씀의 영이기 때문에 그리스도와 아버지가 파송한 영이다. 선교는 교회 안에서든지 교회 밖에서든지, 그리스도가 나타나시는 곳이면 어디서라도, 성령을 통해서 일어난다. 왜냐하면 선교는 하나님에게서 비롯되는 것이기 때문이다. 그리스도 안에 있는 '하나님의 선교'는 성령을 통해서 계속되기 때문에, 선교의 주체는 보이는 교회가 아니라 하나님의 영이요, 그리스도의 영인 성령의 인도하심에 의한 것이다. 하나님의 성령을 통하여 선교하시는 일에 참여하는 것이 교회의 선교적 임무 수행이다. 그러므로 교회의 선교는 하나님의 선교에 참여하는 것이며, '화해의 선포'인 것이다.

칼빈은 교회의 선교적 기능에 대해서 네 가지 측면으로 구분하여 설명한다. 첫째로, 삼위일체 하나님께서 교회의 주도 되시고, 이 세상의 주도 되신다고 강조함으로써, 선교의 주체가 세상을 사랑하시는 하나님이심을 말한다.[29] 둘째로, 선교는 모든 성도의 '생업에의 소명(vocation)'을 통해서 이루어진다고 한다. 그리스도는 우리 각 사람으로 하여금, 생업의 자리에서 부름 받았음을 깨닫도록 하신다.[30] 셋째로, 국가와의 관계에서 책임적인 존재로 일해야 한다고 말한다. 칼빈은 교회와 국가의 근본적인 분리를 주장했으나, 동시에 상호간에 책임성을 강조했다. 그는 신도들도 나라의 법을 지키고 납세를 해야 하지만, 국가도 교회의 호소를 들어야 한다고 말한다. 아무도 하나님에 대한 복종을 방해할 수 없다. 하나님의 뜻에 거역하게 하는 세상 권력에는 순응할 필요가 없다.[31] 이러한 신학적 사상을 배경으로 칼빈은 제네바에서 교회조직을 통한 선교적 기능을 시도했다. 마지막으로 칼빈의 대사회적 관심은, 교회가 지역사회와 불가분의 관계임을 자각하고 지역사회 개혁에 선교적 사명을 수행하는 것이다. 칼빈이 종교는 물론이고, 정치·경제·사회·문화 등 모든 방면에서 하나님의 영광을 위한 선교적인 관심과 의지를 가지고 있었음은 주지의 사실이다. 칼빈에 따르면, 이러한 교회의 선교적 기능은 하나님의 말씀의 선포를 통해서, 예수 그리스도의 은총이 성령 안에서 그 말씀과 함께 전달될 때 결실을 맺는다. 그러므로 교회는 하나님이 그리스도 안에서 세상과 화해하셨다고 예수 그리스도의 독자성을 선포한다(고후 5:17-19). 죄의 상처는 개인의 상처만이 아니라 또한 사회적 상처이다. 그렇기 때문에 화해는 개인에 제한될 수가 없고, 공동체를 포함해야 한다.

하나님은 교회만 아니라 세상을 다스리시는 분이시다. 하나님의 지배는 말씀에서 확인되듯이 사랑과 정의의 성격을 지닌다. 또한 그의 지배는 전능과 자비로서 영위된다. 교회는 하나님의 사랑과 정의가 실현되기 위해서 봉사하도록 부름 받았다. 선교하는 교회는 성령의 능력 안에서 사는 공동체이다. 성령의 역사함 없이는 교회의 선교적인 임무 수행은 불가능하기 때문에, 교회 안에서 목회 기능(말씀 선포, 성례전 집행, 성도의 양육과 훈련 등)과 교회 밖에서 선교적 기능을 말할 때는 반드시 교회를 통해서 일하시는 아버지와 아들로부터 보냄을 받은 영인 성령이 말해져야 한다. 이와 같은 아버지 하나님의 영이시고, 아들 그리스도의 영이시며, 말씀의 영이신 성령은 인격적인 영으로서 하나님의 구원사업을 이루시기 위하여 일하신다. 또 성령은 진리의 영이요, 자유케 하는 해방의 영으로서 항상 말씀과 불가분리의 관계를 가지고서 일하신다. 땅에 있는 인간과 하늘에 계신 그리스도와의 신비한 연합을 위하여 연결시켜주는 '다리'로서, 혹은 '연결고리'로서 그리고 둘을 매어주는 '띠'의 역할을 하신다. 그런데 이 성령은 교회를 통하여 교회 안에서 양육하시고 인도하시며, 보호하시고 성장을 위한 훈련을 시키실 뿐만 아니라, 내적 교사로서 훈련시키고 양육한 하나님의 백성들을 교회 밖의 세계에 파송시켜서 '하나님의 선교'를 하게 하신다. 그리고 성령의 일하심을 통해서 그리스도와 믿음으로 접붙인 바 되어 중생한 그리스도인에게 끝까지 그리스도를 본받아 살도록 하신다. 그러므로 우리는 우리 안에 선한 일을 시작하신 이가 그리스도 예수의 날까지 이루실 줄을 확신하는 것이다. 이 확신이 있기 때문에 자기를 부정하고 자기의 십자가를 지고 주님을 따르는 제자로 부르심 받은 것을 항상 감사하며, 믿음의 주요 온전케 하신 이인 예수 그리스도를 바라보고 한 걸음씩 전진하는 것이다.

칼빈은 그리스도는 우리를 세상과 분리시키고 영원한 유업의 소망을 갖도록 하시기 위하여 어떤 특별한 방식을 따라 성령과 함께 오셨다고 한다. 이런 이유로 그리스도는 성화의 영(the Spirit of Sanctification)이라 불린다. 그는 모든 다른 피조물에뿐만 아니라 우리 안에도 하늘의 생명 뿌리와 씨앗을 심어주신다. 성화는 우리 안에서의 성령의 계속적인 개혁의 작업이다. 성화는 성령이 인간을 계속적으로 다시 만드는 작업이다. 그리고 궁극적인 목적을 거룩함으로 이끄는 점차적인 과정도 내포하는 작업이다.

제자직 수행

칼빈에 따르면, 인간의 구원은 하나님의 주권적 선택의 은총에 달려 있다. 오직 하나님의 선행하는 선택의 은총으로 말미암아 그리스도를 믿음으로 의롭다는 인정을 받고 성화된다는 것이다. 칼빈은 이렇게 전적인 하나님의 은혜로 구원받는다는 것을 강조하면서도, 성령에 의해서 보증을 받고 하나님의 양자로 인침을 받고 하나님의 양자가 된 그리스도인의 인간성을 간과하지 않는다. 아직은 우리가 비록 연약하고 불완전하여 죄의 지배에서 완전히 벗어나지 못한 죄인이지만, 하나님의 자녀로서 우리 자신의 운명을 결정해야 하는 책임이 있으며 나아가서는 하나님의 뜻에 따라 복종하며 살아가야 할 역사적인 사명이 있다는 것을 시사한다.[32] 다시 말하면 하나님 앞에서는 의인이지만 사람 편에서 볼 때는 죄인인 우리는 성화의 과정 속에서 끊임없이 하나님의 말씀을 준행하고, 하나님께 영광을 돌리는 삶을 살아야 한다는 것이다. 이와 같은 주권적인 하나님의 선택의 은총으로 부름을 받은 그리스도인들은 하나님의 영광을 위하여 그리스도를 본받아 그리스도의 제자의 길을 가야 한다.

그리스도인의 삶의 목적이 하나님의 영광을 위함이라면 우리의 삶의 모범을 어디에서 찾아야 하는가? 칼빈은 '하나님의 거룩한 부르심'이라는 용어로써 그리스도의 삶을 정의하고 있다.[33] 이 거룩함은 우리에게 악과 불경건한 사람들과는 교제하지 말 것을 요구한다. 거룩함을 향한 우리의 믿음의 순례에서 그리스도는 우리에게 생기를 주는 본보기이다.[34] 여기서 우리가 알 수 있는 것은 그리스도인의 생활이란 하나님의 일을 하겠다는 가장 강렬한 동기를 그리스도 자신과 그의 구속 행위에서 얻게 된다는 것이다. 칼빈에 따르면, 성경은 우리의 생명의 창조자이시며 우리의 생명을 좌우하시는 하나님에게 우리를 맡기라고 명령할 뿐만 아니라, 우리가 창조 당시의 본연의 상태에서 타락했다는 것을 가르친 뒤에, 그리스도를 통해서 하나님의 은혜를 다시 받게 된 우리는 그 모범을 우리의 생활에서 실천해야 한다고 가르친다. 칼빈은 복음은 혀의 교리가 아니고 생명의 교리이기 때문에, 그리스도인의 생활은 혀의 문제가 아니고, 가장 깊은 마음의 문제라고 갈파하면서, 복음의 효력은 마음속 가장 깊은 감정에 침투해서 영혼 안에 자리를 잡고 인간 전체에 영향을 주어야 하는데, 이렇게 하는 것이 철학자들이 하는 충고보다 백 배나 더 지대한 영향을 준다고 하였다.[35]

그리스도인의 생활에 대한 칼빈의 견해는 그리스도의 인격과 사역에 중점을 두고 있으며, 그리스도인들은 성령의 작용에 의하여 그리스도와 연합되어 있기 때문에 그리스도인들의 생활 원리와 표준은 다름 아닌 '그리스도를 본받는 삶'이라고 한다. 이러한 삶은 바로 그리스도의 제자로서 '하나님의 거룩한 부름'을 받았다는 제자 의식이라고 할 수 있다.

칼빈은 그리스도의 제자직을 수행하기 위한 세 가지 조건을 특히 강조한다. 첫째로, 그리스도인의 자기 부정이다. 그리스도인은 그리스도와 더불어 죽고 부활의 영광에 참여하게 된다. 그리스도와 함께 죽는 죽음의 모형은 내면적으로뿐만 아니라 외형적으로도 그리스도인의 생활에서 성취되어야 한다. 이것은 구체적으로 자기를 부정하고 십자가를 지고 주님을 따르는 것이다. 그런데 이러한 그리스도의 죽음에의 참여는 그의 부활에의 참여와 불가분의 관계에 있다. 왜냐하면 하나님 나라에의 참여는 그리스도의 죽음과 부활, 둘 다의 열매이기 때문이다. 그리스도의 죽음에의 참여는 그의 부활에 참여 없이 결코 따로 체험될 수가 없다. 하나님과의 충만한 교제를 향한 출발이 칼빈에게는 '자기 부정'으로 특징지어진다. 여기에는 자신에 대하여 죽는 자기 부정의 내면적 과정이 있다. 예수는 하나님의 뜻에 완전히 자기를 억제함으로써 자기 부정의 완전한 모범이 되셨다. 그리스도는 자신의 의지를 죽였을 뿐만 아니라, 십자가에서 자기의 생명을 내어놓으셨고, 몸과 신분과 명예가 신체적으로 외적으로 고통을 당하는 곤욕을 치르셨다. 그러므로 그리스도인에게는 예수 그리스도와의 연합을 통해서 겪어야 할 자기 부정의 외형적 과정이 있다. 우선 자기 부정의 내면적 과정에 있어서 인간 심령의 정욕, 본성적 죄악성을 포기해야 한다. 이 정욕은 원죄에 속한 것인데, 칼빈에 따르면, 자기 부정의 기본적 요소는 우리 자신의 판단과 우리의 본성적 이성을 제어하고 포기하는 것이다.[36] 칼빈은 우리의 본성적 사고 영역을 육욕적 이성이라 칭하며 이것이 폐기되지 않는 한 하나님의 지혜가 들어설 자리가 전혀 있을 수 없다고 주장한다.[37] 그러므로 자기 부정은 마음의 욕정과 감정에 대한 동등한 훈련을 포함한다. 하나님이 이것들을 지배하실 수 있도록 하나님께 이것들을 복종시켜야 한다.[38]

칼빈이 지적하는 바에 따르면, 그리스도인의 생활에 요구되는 대로 내면적 자기 부정을 실천하는 가장 좋은 방법들 중의 하나는 우리 자신들이 힘써 이웃에 대한 사랑(charity)의 의무를 감당하는 것이다.[39] 칼빈에게 있어서 자기 부정은 사람의 옛 본성이 완전히 복종될 뿐만 아니라, 완전히 새로운 피조물이 그 자리를 차지할 수 있도록 치명타를 가하는 완전하고도 근본적인 대단한 수술이다. 이 수술 없이는 병은 치료될 수 없다고 한다.[40] 우리의 심정 안에서 하나님이 하시는 일은 부패한 정욕들을 억제하고 멸절시키며 우리의 본성을 완전히 죽이는 동시에 우리 안에 새로운 사랑을 심어 새로운 감정과 능력을 우리에게 주시는 것이다. 이렇게 되기 위해서는 옛 본성이 죽어야 한다.[41] 자기 부정은 인간적인 표적이요 부수물이기 때문에, 그리스도께서 보이신 자기희생의 모범을 단순히 본받는 과정으로 생각해서는 안 된다. 오히려 그리스도와 연합하여 새사람, 새 생명으로 태어날 수 있도록 옛 사람이 멸절되는 표적인데, 세례를 통해서 외형적으로 가시화되고 내면적으로 초대되는 일이 내면적으로 효력을 성취할 때 바로 그것이 자기 부정인 것이다.

자기 부정의 외적 과정은 십자가를 지는 것이다. 교회는 그리스도의 십자가 고난과 그의 죽음을 본받아야 한다. 그리스도인들도 삶의 일상적 고통들을 십자가의 한 부분으로 간주해야 한다.[42] 왜냐하면 하나님께서는 자기 백성들의 생활에서 그와 같은 고통들을 성화시킬 수 있고 예수 그리스도의 고통과도 관련되게 해주시기 때문이다. 하나님의 선택된 자들은 나머지 인류보다도 '많은 종류의 악'을 더 많이 당한다. 그리고 모든 그리스도인들이 참여해야 하는 교회의 공통된 고통의 대부분은[43] 우리가 복음을 방어하는 결과로, 또는 모든 형태의 의를 방어하는 결과로 그리스도의 대적들로부터 오는 핍박을 당하는 것으로 되어 있다.[44] 또한 그것은 그러한 입장에서, 그러한 핍박을 당한 결과로 부끄러움과 모욕을 당하는 것으로 되어 있다.[45]

그러므로 우리는 십자가를 인내의 태도로 짊어지되 십자가를 지는 것을 통해서 우리의 성화의 과정이 촉진되고, 우리가 그리스도를 닮게 된다는 확신을 가지고 강건해져야 한다. 그 결과 교회는 그리스도의 십자가의 고통을 본받을 뿐만 아니라 십자가를 통해서 그리스도 및 그의 죽음과의 성례전적 관계를 가지게 된다. 성도들은 그리스도의 십자가를 짊어질 때 그리스도의 동반자들이 된다. 우리가 역경과 환난을 많이 받으면 받을수록 그리스도와의 교제가 더욱더 확실하게 될 수 있다고 믿을 때 십자가의 고통은 현저하게 줄게 된다.[46] 하나님의 은총이 우리의 가슴에 와닿을 때에만 포로, 멸시, 투옥, 수치 그리고 심지어 죽음 등과 같이 그 자체로서는 악한 환난들이 우리의 행복이 될 수 있다.[47]

이와 같이 교회와 연합해서 십자가를 짊어지는 것은 자기 부정을 위한 유력한 조력이요, 순종의 시금석이 된다. 그러므로 칼빈은 순종의 첫 단계는 십자가의 환난을 통해 육체를 죽이는 것이라고 했다. 용광로의 불이 원광을 제련하여 정금을 만들어내듯이 십자가의 고난은 우리에게 자기 의지를 제거할 수 있게 할 뿐만 아니라 하나님이 우리에게 허락하신 은혜들과 참된 순종이 빛을 나타내게 한다.[48] 자기 부정의 내면적 과정과 마찬가지로 외적인 십자가를 지는 것도 오직 성령의 사역에 의해서 성취되는 것이다. 그리스도의 죽음에의 참여는 그의 부활에의 참여와 불가분의 관계이다. 그리스도의 죽음에의 참여는 그의 부활에의 참여 없이 따로 떼어서 체험할 수 없다. 십자가에서 부활로의 전이를 항상 염두에 두어야 한다. 우리의 마음이 주의 부활의 권능으로 향하게 될 때에만 그리스도의 십자가를 믿는 자들의 가슴과 삶에서 악을 이기고 승리할 수가 있는 것이다.[49]

칼빈이 지적한 바에 따르면 우리 그리스도인의 체험의 보다 더 긍정적인 면은 그리스도의 부활과의 교통을 통해서 얻어진다. 그리스도의 죽음을 통해 "죄가 폐기되고 사망이 멸절되었으니", 그의 부활을 통해서는 "의가 회복되고 생명이 되살아났다."[50] 그러므로 그리스도와 함께 죽는 것은 항상 더 나은 생명의 원인이다. 그리스도의 죽음과 연합하여 육체를 죽이는 우리의 체험은 항상 "그의 부활로부터 오는 효과"를 수반한다.[51] 그러므로 하나님 나라에의 참여는 그리스도의 죽음과 부활 둘 다의 열매이다. 칼빈이 강조한 바에 따르면 우리 안에 있는 하나님의 나라는 그리스도의 부활과 더불어 시작된 중생의 과정에 내적으로 지금 참여하는 것을 의미하지만, 하나님 나라에 참여하는 것은 또한 십자가에서의 그리스도의 죽음의 열매인 육체에 대하여 죽는 죽음의 과정에 참여하는 것을 의미한다는 사실을 칼빈은 강조한다.[52]

둘째로, 신앙과 기도훈련이다. 칼빈에 따르면, 하나님의 자녀들이 행하는 주요한 연습은 기도하는 것이다. 칼빈은 기도를 신앙의 영속적 연습으로 부르고 있다.[53] 신앙은 기도를 통해서 우리 주님의 복음이 발견해내어 보여주는 보화들을 캐낸다. 그러므로 기도는 살아 있는 신앙의 표현이라고 할 수 있다. 기도는 하나님을 향한 사랑과 열망을 토해내는 신앙이다.[54] 심령 속에 신앙을 심어주는 바로 그 성령께서 신자로 하여금 기도하지 않을 수 없게 만든다.[55] 그러므로 제자직 수행에 있어서 기도의 훈련은 신앙이 현존한다는 것을 가장 확실하게 보여주는 증거이다. 기도 없이 신앙은 순수할 수가 없다.[56] 더욱이 기도를 연습함으로써 신앙이 살아 움직이게 된다. 기도에 대한 끊임없는 도전과 요구는 신앙이 잠자는 것에서 일깨워주고 이완되는 것을 막는다.

칼빈은 이방인들과 불신자들이 도움과 구조를 위하여 기도할 수가 있고, 비록 그러한 기도들이 믿음에서 나온 기도가 아닐지라도 하나님이 들으시고 응답하실 수도 있다고 한다.[57] 기도는 우리가 필요로 하는 모든 것을 하나님께로부터 얻을 수 있다고 하는 우리의 희망에 대한 증거이기 때문에, 믿음이 없이 기도하는 것은 위선적으로 기도하고 우리의 불신과 불성실에 의하여 하나님의 감정을 해치는 행위인 것이다.[58] 기도할 때 우리의 확신은 하나님이 자기의 말씀으로 자신 있게 붙인 사랑스럽고 부드러운 호칭들과 기도에 대한 하나님의 명령에 항상 수반되는 응답의 약속들에 의하여 고취된다.[59] 그러므로 믿는 자가 하나님께 나아갈 때 그는 두려움과 떨림의 태도를 가져야 마땅하며, 그의 기도는 자기가 생각해낼 수 있는 과거의 죄악들뿐만 아니라 그의 본성의 죄악성에 대한 참회의 고백으로 시작되어야 마땅하다.[60] 그래서 신자들은 하나님의 부성애를 확신하는 까닭에 주저 없이

그에게 나아가지만, 거짓된 안정감으로 들뜬 상태가 아니라, 겸손한 간청자로서 나아가야 한다.[61]

칼빈은 성경에 나오는 많은 기도들을 검토하여 기도하는 사람의 확신이 오직 하나님의 긍휼에 근거한다는 것을 입증하였다.[62] 기도는 오직 그리스도의 이름으로, 중보자이신 그리스도를 통해서 드릴 수가 있다. 예수 그리스도의 이름과 그의 희생은 우리가 갖는 하나님과의 부자간의 친밀한 교제에 대한 희망의 유일한 근거이다. 그리고 우리로 하여금 기도하게 하시고, 기도하도록 도우시는 말씀의 약속들은 모두 그리스도의 피로 인쳐져 있다.[63] 우리는 그리스도의 중보를 통하여 하나님께 나아갈 때에만 기도의 확신을 가질 수가 있다.[64] 칼빈은 우리가 하나님 앞에 그의 아들의 이름을 부름으로써 하나님의 사랑을 받게 된다고 말한다.[65] 구약에서 희생제물이 기도를 효과 있게 한 것처럼, 그리스도의 희생사역도 하나님의 우편에서 우리를 위하여 드리는 그의 중보기도를 영원히 효과 있게 만든다.[66] 그리스도의 희생사역이 우리의 기도를 인준하고 확실하게 하는 효과를 가지는 것이다.[67] 그리스도께서는 자기 백성의 기도를 하나님께서 계속해서 받아주시도록 도우신다.[68] 그러므로 칼빈은 교회 앞에서 우리의 모든 상호 중보기도들은 그것의 기초가 되는 그리스도의 중보기도와 관련되어야 하며,[69] 우리의 감사기도가 그리스도의 희생과 중보와 관련해서만 거룩하게 될 수 있다고 주장한다.[70] 우리의 기도가 온전히 신앙적인 기도가 되기 위해서는 하나님의 말씀에 기초하여야 한다. 기도를 불러일으키는 믿음은 말씀에 의하여 생겨나고, 기도는 말씀의 약속이 성취됨을 경험함으로써 더욱 생명력을 갖게 된다. 하나님의 말씀이 기도에 선행하고, 기도의 동기를 제공해야 한다. 그리고 기도의 방향과 세부적인 내용은 말씀에 의하여 인도되어야 한다.[71]

칼빈은 기도의 법칙은 신앙의 법칙을 따른다고 말한다. 신앙 훈련의 지배적인 원리는 자기 부정, 자기 억제 그리고 하나님의 말씀에 대한 순종이다. 우리의 욕구를 절제함으로써 하나님의 말씀이 우리의 기도를 이끄신다.[72]

칼빈은 우리가 하나님께 드리는 기도에서 하나님의 말씀을 그대로 사용할 것을 권장한다. 그는 주기도에 대해서도, 주님이 "우리의 입에 말씀을 넣어주시는 것"이라고 표현한다.[73] 하나님의 말씀에 기초한 기도는 담대하게 하나님께 드려질 수 있게 된다. 칼빈은 성서적으로 기도할 때의 담대함은 경외, 두려움 그리고 염려와 잘 어울린다고 말한다.[74] 기도의 주도권이 하나님께 있기 때문이다. 그러나 기도의 동기는 인간적 필요로부터 생겨나는 것임이 틀림없다. 우리가 하나님의 은혜에 대한 필요를 느끼고, 그 은혜를 구하는 것이 바로 기도이다.[75] 기도가 인간적 필요와 항상 관련되는 것은 기도의 동기가 우리의 인간적 필요에서 비롯되기 때문이다. 기도는 영혼 깊은 곳에 박힌 소원들을 영혼이 토해내는 것이다. 기도에서 가장 중요한 것은 순수한 단순성이다.[76] 영혼 깊은 곳에 박힌 소원들을 영혼이 토해내는 것이기 때문에, 기도는 하나님을 향한 영적 표현이다. 기도가 영혼의 토로가 되도록 역사하시는 이는 바로 성령이시다. 성령께서 바르게 기도하는 방법을 가르쳐주심으로써, 우리는 하나님 앞에서 입을 열게 된다.[77]

그러므로 참된 기도를 드릴 수 있는 것은 성령의 은사이다.[78] 성령은 우리를 도우셔서 마음과 심령을 준비시키고, 하나님을 열렬히 사모하게 만들며, 우리의 욕구와 감정을 다스리신다.[79] 양자의 영(the Spirit of Adoption)은 우리가 하나님의 자녀로서 담대함과 확실한 희망을 가지고 하나님께 나아갈 수 있도록 도우시는 분이시다.

성령은 우리로 하여금 그리스도인의 기도의 가장 결정적인 특징인 열정과 간절함으로 기도할 수 있도록 도우시는 분이시다. 성령은 우리의 심령을 감동시켜 '하늘 깊은 곳까지 관통' 할 수 있을 만큼의 대단한 열정을 갖게 한다.[80] 그러나 성령의 감화로 인하여 우리의 기도가 효과적으로 드려질 수 있다는 것은 우리 자신의 노력을 성령께서 결코 방해하거나 게을리 하게 한다는 것을 뜻하는 것이 아니다. 오히려 우리는 기도할 때 성령의 도움을 받을 수 있도록 우리 자신을 훈련시켜야 한다. 우리의 영적 열정이 크거나 또는 작을지라도, 항상 이지(理智)와 사려(思慮)를 가지고 기도하는 것이 중요하다.[81]

셋째로, 성화의 삶으로서 그리스도인의 절제이다. 그리스도인의 제자직 수행에서 중요한 요소 중의 하나가 이것이다. 이 절제는 자기 부정 과정에 있어서 그리스도인의 모든 방편에서 자신의 욕망과 열정을 규제하고 삼가는 것이다.[82] 모든 한계를 뛰어넘으려고 하는 것이 육체의 끈질긴 속성이므로, 육체가 항상 죽지 아니하면 질서 있는 그리스도인의 생활이 영위될 수가 없다.[83] 여러 가지 무절제들은 인간 사회와 개인 생활을 해치는 것이다. 이 무절제는 대부분 사람들의 생활 특징으로서, 우리가 추구하는 선까지도 오염시키는 경향이 있다. 그 자체는 선한 것들이지만 인간의 무질서와 무절제 때문에 선한 것이 오히려 해악의 결과로 된다(탐식, 폭음, 야심, 사치 등). 그러므로 그리스도인은 무절제를 피할 수 있도록 하기 위해서 질서 있는 생활을 해야 한다. 절제 생활의 방법은 하나님을 경외함에서 비롯된다. 절제의 결과는 겸손, 자기 과시의 기피, 자기 삶의 몫에 대한 만족 등으로 나타난다. 그리스도인의 생활에서 절제 실천은 모든 무절제를 주도면밀하게 피하는 것뿐만 아니라, 좀 더 적극적으로 기독교의 덕(virtue)으로 알려진 것들을 행하는 데 있다.

칼빈은 절제와 겸손을 동일시한다. 그래서 절제를 자만이나 교만의 반대되는 것으로 이해한다. 특히 그는 내면적 겸손을 강조한다.[84] 절제는 참된 지혜와 신중함에 이르는 것으로, 모든 인간적 능력을 초월한다. 신중함과 분별은 결코 쉽게 얻어지지 않는다. 선에 대한 일반적 지식을 가지고는 충분하지 않다. 하나님에게는 신중함과 분별의 영이 있다. 우리는 하나님의 영에 참여함으로써 선악을 분별하고, 행동해야 할 때와 삼가야 할 때를 알며, 말해야 할 때와 침묵해야 할 때를 아는 지혜를 얻는다.[85] 절제뿐만 아니라 겸손, 만족, 인내도 성령의 은사이다.

절제는 인간의 결단과 훈련을 통해서 성취되는 덕이 아니라, 십자가를 짐으로써 이루어지는 그리스도와 연합의 열매요, 하나님의 은혜로 그의 뜻에 기쁘게 순종함으로써 이루어지는 결과이다.[86] 그리스도인은 십자가를 감당하는 인내로써 하나님께 합당한 순종의 제사를 드리는 것이다. 이러한 사실 때문에 기독교의 인내와 철학적 인내 사이

에는 큰 차이가 있게 되는 것이다.[87] 성령의 능력은 인간으로 하여금
절제를 통하여 본래적인 모습을 회복하도록 도우신다. 무절제는 인간
을 비인간화시키고 자연의 질서를 거스르게 만든다.[88] 성령은 본래 적
은 것으로도 만족하는 자연의 질서를 깨닫도록 도와주신다.[89]

칼빈은 성령의 사역에 의한 성화에 대해서 루터보다 더 큰 관심을
기울인다. 세상에서 삶의 변화로서 성화를 이해함에 있어 칼빈의 기
여가 크고, 성화에 대한 칼빈의 이해가 오늘날에도 분명한 타당성을
가지고 있음에도 불구하고, 오늘날 대부분의 그리스도인들은 성화의
문제를 간과하고 있다. 이것은 세상으로 파송 받은 사도적인 경건의
사명을 기피하는 것이다. 성령의 사역은 사적이며 동시에 공적이다.
그리스도인은 이 세상이라는 커다란 수도원에서 구도자의 길을 가는
수도사이기 때문에, 온 세상을 변화시키는 사도적인 역할을 수행해야
한다. 여기서 온 세상이라고 함은 정치, 경제, 사회, 문화, 종교 등 인
간 사회의 모든 영역을 일컫는 말이다. 칼빈은 성화에 있어서 개인과
공동체, 내면성과 외면성의 균형을 이루어야 한다고 지적했다. 그리
고 거룩함과 도덕을 정치질서와 통합하는 일을 구상했고, 실천에 옮
겼다.

칼빈에게 있어서 성화는 단번에 완성되는 것이 아니다. 그는 우리
가 완전한 성화를 목적하고, 하나님의 가장 완전한 형상이신 그리스
도의 형상으로 회복되어서, 참된 경건과 의와 성결과 지식에 있어서
거룩한 형상을 지니기 위한 노력이 계속되어야 함을 강조한다. 그리
스도인은 하나님의 부르심을 받아 의롭다고 인정함을 받고, 거룩한

삶을 살아가는 성도들이다. 칼빈은 하나님의 부르심을 받고, 성화를 통하여 하나님의 부르심을 따르기 위하여, 하나님을 굳게 의지해야 한다고 강조한다.[90]

3장

의인과 성화의 관계

칼빈은 의인과 성화를 예수 그리스도 안에 있는 하나의 실체(sub-stance)이며, 그리스도 안에서 하나의 통일성을 이루는 것으로 여긴다. 그러므로 성화와 의인 사이에는 인과적 관계가 없으며, 그리스도 안에서 분리할 수 없는 것이다. 두 개의 은사를 동시에 받는 것이므로, 어느 하나가 다른 것의 최종 목표가 되지 않는다. 따라서 칼빈이 의인보다 성화를 먼저 논한 것이 성화가 의인보다 더 중요하기 때문임을 의미하지 않는다. 오히려 이 둘은 동일한 원천이 되는 성령의 구체적인 역사의 결과요, 그리스도와의 합일에서 비롯되는 것이다. 그러므로 논리적으로 구별은 될지라도 상호 불가분의 관계를 갖는다. 다만 중생 또는 참회를 먼저 다룸으로써 분명해진 것은, 우리가 그리스도와의 교통을 통하여 얻은 하나님의 은총에 의해서 의롭게 되었다는 사실이다.

예수 그리스도 안에 있는 하나의 실체로서 의인과 성화는 하나님의 은총이다.[1] 즉 성령과 믿음을 통하여 예수 그리스도 안에서 동시에 그리고 같이 받는 은총의 두 양면으로서, 근본에 있어서 분리될 수 없는 것이다.[2] 그렇지만 의인과 성화는 논리적으로 서로 구별되어야 한다.[3] 구별되지만 동시에 둘은 모든 은혜의 근원이 되시는 그리스도로 말미암아 모든 은혜들이 서로 연결된다는 점에서 상호 분리될 수 없다. 믿음은 우리를 하나님에게 화해시킬 수 있는 유일한 가능성인 그리스도의 의로움에 의지하게 만든다. 동시에 성화에 의하지 않고는 그리스도에 의지할 수 없다. 왜냐하면 그리스도는 우리의 의로움과 지혜와 성화와 그리고 구원의 주이시기 때문이다(고전 1:30). 그러므로 그리스도는 성화 없이는 그 누구도 의롭다 칭하지 않으신다. 그리스도는 자신의 지혜로 계몽시킨 자를 구원하시며, 구원한 자를 의롭다 하시며, 의롭다 한 자를 성화시키신다(롬 8:30). 우리가 비록 의인과 성화를 분리할지라도, 그리스도는 이 둘을 구별하지 않으신다. 우리가 그리스도 안에서 의롭다 함을 얻기를 원한다면 먼저 그리스도 안에 거해야 한다. 그리스도의 성화에 참여함 없이는 그리스도 안에 거할 수 없다. 주님은 자신을 주심으로써, 우리로 하여금 하나님의 은혜의 즐거움을 누리게 하신다. 그럼으로써 그리스도는 우리에게 의인과 성화를 어느 한쪽이 아니라 동시에 주시는 것이다. 그리스도로 말미암아 우리는 행위로 의로워질 수 없음의 의미를 깨닫게 된다. 우리를 의롭

게 할 수 있는 그리스도에의 참여는 의인과 성화가 함께 포함되어 있기 때문이다.[4]

칼빈은 의인과 성화의 관계에 구별의 획을 그음으로써 종교개혁자들 중에서도 특이한 공헌을 했다고 볼 수 있다.[5] 칼빈은 의인에 대한 논리적 우선성을 인정하면서도 성화와의 불가분한 연결성을 강조했다. 만약 의인이 우선한다면, 그것은 외적으로 효력이 있는 성화로 연장된다. 그럼으로써 의인은 외적 변화와 관련된다. 하나님 앞에 있는 인간 상태에 관한 법적인 행위가 된다.

성화는 인격 안에서 변화가 일어나게 한다. 인간의 내면에서 내적인 중생을 일으킨다. 의인은 그리스도가 우리를 위해서 행하신 일에 기초하고 있으며, 성화는 그리스도가 우리 안에서 행하신 일에 기초하고 있다. 칼빈은 의인과 성화를 신앙의 이중 열매라고 이해한다.[6] 의인은 받아주심(acceptance)이다.[7] 믿음으로써 우리에게 어떤 성품이나 가치가 주어졌기 때문이 아니라, 하나님이 받아주심으로써 우리가 의로워졌기 때문이다.[8] 반면에 성화는 우리 안에서 이루어지는 성령의 계속적인 개혁의 작업이다. 우리로 하여금 계속하여 거듭나게 하시는 것이다. 성화의 궁극적 목적은 거룩함으로 이끄는 점진적인 과정도 내포하고 있다. 이 땅 위에서는 단지 시작만 이룰 뿐이다. 반면에 의인은 받아들여지는 첫 순간부터 완전해짐을 의미한다.[9]

칼빈에게 있어서 의인과 성화는 구별되었지만 불가분의 관계로 연결되어 있다. 의인은 하나님의 의로우심에 의한 것이지만, 성화는 성령의 도우심을 힘입어 하나님의 형상을 회복하기 위한 지속적인 투쟁 과정이다.[10] 의인은 하나님의 형상을 회복하기 위한 과정의 시작일 뿐만 아니라 과정도 동반한다.

값없이 주시는 죄의 용서는 한 번에 주어질 뿐만 아니라, 교회 안에서 믿음의 사람에게 날마다 허락하시는 하나님의 은혜이다. 우리는 매일 죄 사함을 필요로 한다. 그럼으로써 우리가 하나님의 가족으로 머물게 되기 때문이다.[11] 그러므로 단 한 번의 축복을 구하는 것이 아니라, 생애 전체를 통해서 그리스도인으로서의 삶을 유지하게 되기를 구하는 것이 필요하며, 나아가 이와 다른 의로움을 구하지 않는 것이다.[12] 따라서 잃어버린 하나님의 형상은 의인과 성화의 연결에 의해서 회복된다. 의인과 성화는 구원의 두 부분인 것이다. 하나님은 은총으로 우리를 통치하시며, 그리스도의 삶을 통해서 드러난 자기의 형상으로 우리를 변화시켜주시고, 우리의 모든 죄를 용서하여주신다.[13]

칼빈에게 의인과 성화는 그리스도인의 삶에서 계속적인 효력을 갖는다. 의인과 성화는 변증적 긴장과, 진보의 과정을 내포한다. 이 회복은 한순간에 완성되지 않고, 하나님께서 계속되는 시간의 연속성 속에서 내적인 부패를 조금씩 제거하여주심으로 이루어진다. 하나님은 우리로 하여금 더러움을 깨끗하게 하고, 그리하여 자신의 몸을 성전으로 봉헌하게 하며, 경건한 마음의 개혁을 쉬지 않도록 도우신다. 그러므로 우리의 회개는 세상 끝 날까지 계속되어야 한다.[14] 의인과 성화의 관계에 대한 이러한 칼빈의 이해는 그의 영적 삶의 개념에서 지배적인 성장 관념을 반영하고 있다.[15] 완전을 지향하는 성장은 그리스도인의 삶의 변함없는 목적인 것이다.

칼빈에 따르면, 성화는 우리로 하여금 현재 삶에서 가장 높은 단계로 성장하도록 하는 영적인 욕구이다.[16] 성화는 죽음으로써 완전해지는 삶의 전 과정을 통해서 성취되는 것이기 때문이다.[17] 우리의 삶은 예수 그리스도께 도달할 때까지 계속해서 성장해야만 하는 과정이다. 그럼으로써 하나님의 나라는 우리 안에서 점점 더 커나가야 한다. 의롭다 함을 얻은 자 안에서의 하나님 나라의 증대와 완전을 향한 매일 같은 진보는 그리스도의 주관적인 소유를 통해서 가능하다. 그리스도와의 연합을 통해서만 우리는 그의 축복에 참여할 수 있다. 이것이 의인과 성화와 그리스도 안에서 밀접하게 연결되는 그리스도와의 접목됨이다. 그리스도와의 교제, 그리스도에 접목됨은 하나님이 인간에게 주시는 은혜를 받는 데 없어서는 안 될 조건이다. 그리스도에게 접붙임 없이는 하나님과의 연합이란 있을 수 없다. 바로 성화의 목적이 궁극적으로는 하나님과의 완전한 연합이다. 인간의 제일의 선은 하나님과의 연합 이외에 다른 것이 아니다. 하나님과의 연합은 우리의 모범이신 그리스도를 본받음으로써 이루게 된다. 이 목표는 오직 그리스도와의 결합에 의해서 실현될 수 있다. 사실상 성화의 전 과정은 그리스도와의 선재적인 연합이 없이는 불가능하다. 그래서 바울은 우리가 그리스도에게 접붙임을 받았고, 그를 옷 입었다고 말한다. 그리스도와 하나가 되기 전에는 그가 가진 어느 것도 우리의 것이 될 수 없기 때문이다.[18] 그리스도와의 선재적인 연합은 영적 삶, 그리고 칼빈이 그렇게 강조했던 성화의 삶을 위한 필수적인 조건이다.

칼빈은 그리스도와의 연합을 '접붙임 받음'으로 표현하기를 즐겨

했다.[19] 『로마서 주석』에서는 '접붙임 받음'을 그리스도의 모범에 순응할 뿐만 아니라, 자신의 본질에서 그리스도의 본질로 옮겨지는 실제적 연합이라고 정의했다.[20] 그리스도에게 접붙임을 통해서 인간은 비로소 그리스도와 하나의 실체가 된다. 우리가 그리스도에게서 구원을 기대할 수 있음은 그의 몸에 접붙여 있기 때문이다. 그리스도는 우리를 그의 모든 은혜에 참여자로 만드시고, 동시에 우리는 그와 하나의 실체가 되는 것이다.[21]

칼빈은 이와 같은 그리스도와의 연합을 '신비적인 결합'이라고 표현했다. 그리스도와의 연합의 관점에서 경건의 단계는 머리와 지체 간의 결합, 우리 마음에 그리스도께서 거하심(indwelling), 그리고 신비적 연합의 단계로 구분된다.[22] 칼빈은 신비적 연합을 인간과 그리스도 사이의 결혼이라는 표현을 사용하여 설명한다: "우리를 위한 은혜가 헛되지 않음은 오직 그리스도와 연합의 덕분이다. 이것은 우리가 뼈 중의 뼈요, 살 중의 살이 되는 거룩한 결혼으로 말할 수 있다."[23] 신비적 연합은 인격의 혼돈 없이 우리를 더욱 완전한 하나님의 형상으로 변형시키는 그리스도와의 인격적이고 밀접한 연합을 뜻한다. 이 연합을 신성과 인성의 혼합을 내포하는 범신론적 개념으로 해석하거나, 실질적인 연합의 관점에서 해석하지 말아야 한다. 그리고 인간적인 의지 영역의 조화로서가 아니라 깊은 영적 영역에서의 교제로 이해하여야 한다.

칼빈은 의인과 성화 개념을 그리스도와의 연합에 기초함으로써 하나님에 관한 주관적인 체험을 교리의 실제적 기초로 삼았다. 칼빈의 의인과 성화 교리는 영적인 생활 안에서 성령의 역동적 작용을 새롭게 강조하였다. 성령은 그리스도와 그리고 그와 결합한 모든 이들 사이에 살아 있는 결합력이다. 성령은 그리스도의 능력을 우리에게 전하여주었으며, 그로 말미암아 예수는 우리를 위한 그리스도가 되셨다. 성령께서 우리를 살아 계신 그리스도에게 이식시킨 것이다.

칼빈은 성령이 그리스도와 우리를 연합케 하는 친화력임을 반복하여 강조한다. 아버지와 아들로부터 비롯한 성령은 창조된 세계를 보존하고 유지하며, 생명으로 하여금 역동하게 한다. 성령은 단순히 유지하는 힘이 아니라, 충만하며 성화된 삶에 필수적인 선물의 근원 바로 그것이다. 성령은 하늘과 땅에 있는 모든 것을 유지하고 소생시키며, 성장하게 하고 존재하는 모든 것들이 그리스도의 능력과 생명에 힘입게 되도록 하기 위하여 활동하신다.[24]

성령은 교회 공동체를 이루는 구성원들에게 하나님의 은사를 나누어주시는 역할을 한다.[25] 성령의 활동하심으로 교회는 성화의 장이 된다. 성경적으로 '교회'는 이중적인 의미를 갖는다. 먼저 하나님 은혜로 선택을 받아 하나님의 자녀가 된 자들이며, 그리고 성령의 성화에 의해서 그리스도 공동체의 일원이 된 자들이다. 이 교회는 살아 있는 성도들뿐만 아니라 태초부터 선택된 모든 자들을 포괄하는 개념이다.[26] 성화의 장이며 성령이 활동하시는 교회는 본질적으로 내적인 실체이다. 그리스도의 나라가 교회이며,[27] 이 교회는 영적인 것이지 외적인 것은 아니다. 이 점에서 칼빈은 육적이거나 지상적이 아닌 하나님의 나라를 육적인 눈으로 찾으려는 이들의 잘못을 지적한다. 그리스도의 나라는 내적인 그리고 영적인 갱신을 의미하므로, 그 나라의 본질을 드러내는 가시적인 표식을 찾으려는 것은 그릇된 관점이다. 하나님께서 택하신 자들로 하여금 하늘나라의 새로운 삶을 깨닫게 하시고, 그럼으로써 그들 안에 그리스도의 나라가 자리하게 해주셨기 때문이다.[28]

칼빈은 그리스도 안에서 우리와 화목하신 하나님께서 그리스도 안에서 우리가 지녀야 할 형상을 알려주셨다고 한다. 그러므로 교회는 성화의 방법에 관하여 철학적인 방법보다 더 나은 방법을 제시하게 되는 것이다.[29]

칼빈에 따르면, 성화의 첫 번째 수단은 하나님의 말씀이다(요 17:17). 하나님의 말씀은 우리로 하여금 거듭나게 하는 도구로 사용될 뿐만 아니라, 성화되도록 하는 도구로도 사용된다. 하나님의 말씀은 우리 영혼의 부정을 알려주시고, 성령께서 성결케 하신다(약 1:29). 우리는 신령한 젖(벧전 2:2)인 하나님의 말씀을 먹음(고전 3:2)으로써, 영혼이 자라고 성화된다(시 119:9; 요 17:17; 엡 5:26).

성화의 두 번째 수단은 성례이다. 라틴 교부들은 성례라는 말과 신비(musterion)를 동일시했다. 제롬의 라틴어 역본에서도 이 둘을 같은 뜻으로 번역했다.[30] 성경에서도 성례는 그리스도의 신비의 상징으로 표시되었다. 그것은 세례와 성찬의 베풂이다. 칼빈은 성화와 성례의 관계를 성령의 내적 역사의 관점에서 설명한다. 마치 볼 수 없는 이에게 빛이 소용없고, 듣지 못하는 이에게 소리가 소용없는 것처럼, 성령의 내적 역사가 없다면 성례 자체가 아무런 유익이 없다고 말한다.[31]

성화의 세 번째 수단은 자기 부정이다(마 16:24). 육을 부정하지 않고는 영을 긍정할 수 없다. 바울은 날마다 육의 사람을 부정하고 성령을 따름으로써 성화의 단계에 나아간다고 했다. 자기 부정이 강할수록 영적으로 단련된다.

위와 같은 성화의 수단들이 있지만, 그러나 궁극적인 수단은 믿음과 인내로써 끝까지 참고 견디는 것이다.[32] 교회는 말씀과 성례를 성화의 수단으로 삼는다. 그리고 성화의 장으로서, 성령의 역사의 장으로서, 교회와 성령의 관계는 말씀과 성령의 관계처럼 불가분의 관계이다.

정리하자면, 칼빈에게서 의인과 성화는 성령의 구체적인 역사의 결과요, 그리스도와의 합일로부터 얻게 되는 최상의 선물이다. 그리스도와의 합일은 믿음을 통해서 성령께서 이루신다. 믿음이란 성령에 의해 우리의 이성에 작용하는 인식이다. 믿음은 하나님의 선물이요, 성령으로 말미암아 비롯되는 것이기 때문에, 결국 그리스도와 우리의 합일은 성령을 통해서만 가능한 것이다.

칼빈에 따르면, 우리가 그리스도와 교제하며 연합함으로 받게 되는 이중의 은사, 즉 동시적인 은사가 바로 의인과 성화이다. 의인은 믿음을 통해서 하나님과 화해함으로써 심판자 대신에 자비하신 하나님을 모시고 죄 사함을 받은 삶을 살게 된 것이다. 성화는 그리스도의 영으로 말미암아 순결하고 거룩한 삶을 살도록 인도함을 받게 된 것이다. 이러한 이중의 은사는 믿음을 통해서 성령의 역사로 이루어지는 그리스도와의 합일에 의해서 가능하다.

칼빈은 성화의 양면성에 주목한다. 하나는 옛사람이 죽는 자기 부정의 삶이고, 다른 하나는 새로운 피조물로 출발하는 거듭난 삶이다. 전자는 그리스도의 십자가의 능력에 의하여 옛사람이 죽는 것이고, 후자는 그리스도의 부활의 능력에 의해서 하나님의 의로 말미암은 새로운 삶을 살게 되는 것이다. 그럼으로써 파괴된 하나님의 형상(*Imago Dei*)을 우리 안에 회복하는 것이 곧 성화이다.

의인은 믿음으로 인하여 이루어진다. 믿음으로 그리스도와 합일을 이루며, 믿음으로 의롭다고 인정받는다. 믿음 그 자체가 독자적인 가치가 있는 것이 아니다. 믿음은 마치 빈 그릇과 같아서 그 자체로서가 아니라, 그 안에 담겨지는 내용 즉 예수 그리스도로 말미암아 가치를 갖게 된다. 믿음을 통해서 의롭게 된다는 것은 우리 안에 어떤 의를 받아들인다는 의미에서가 아니다. 그것은 '그리스도 안에서만' 가능하며, 그리스도의 의가 우리에게 전가됨으로써 가능한 것이다. 이렇게 칼빈의 의인론에서는 그리스도의 의와 그 의의 전가가 강조된다. 그러므로 칼빈의 의인론에서는 믿음만(*Sola fide*)이 지나치게 강조되는 것이 아니며, 하나님의 주권과 그리스도의 절대 은총이 더 강조되는 것이다. 성령과 믿음을 통해서 우리는 하나님의 은총으로 그리스도와 합일함으로써 분리될 수 없으나 구별되는 두 은사, 즉 성화와 의인의 은사를 받게 된다.

칼빈에 따르면, 성화의 과정은 의인에서 출발하며, 거기에서부터 참된 인간의 회복과 형성이 이루어질 것이다. 그리고 성화의 과정은 세상 끝 날까지 계속될 것이다. 성화의 과정에서 죄인인 우리 자신만이 아니라, 의로워진 우리의 행위도 의롭다고 인정을 받게 된다. 그러나 이러한 의인은 모두 그리스도의 의에 의존한다.

칼빈이 의인론의 심화 과정에서 제시한 이중적인 의인론, 즉 죄인의 의인과 의인된 자의 행위의 의인에 비추어 '믿음으로만' 또는 '은총으로만'이라는 슬로건 아래 안주하려는 우리의 태만과 소극성을 돌아보아야 한다. 칼빈의 의인론과 성화론에서 우리는 이 땅에서 선한 싸움을 벌이고, 달려갈 길을 달려가기 위한 복음적 지침과 명령을 발견해야 할 것이다.

칼 바르트의
의인론과
성화론 및 소명론

1장

칼 바르트의 의인론(義認論)

바르트에 따르면, 예수 그리스도는 하나님과 인간 사이에 화해를 이루는 중보자이다.[1] 예수 그리스도의 화해의 사건은 의인, 성화 그리고 소명으로 나타난다. 의인, 성화, 소명은 상호관련 되어 있지만, 서로 구분되어 있어서, 각기 제 나름의 뿌리를 기독론에 두고 있다. 의인과 성화와 소명은 그리스도의 존재와 활동에 근거한 객관적 은혜이면서 성령을 통해 주관적으로 수용되어야 하는 은혜이다.[2]

바르트는 교만과 나태와 거짓의 죄를 통해서 하나님으로부터 소외된 인류를 어떻게 예수 그리스도가 이 소외의 사실을 극복하고 교정하는가를 의인과 성화 그리고 소명의 사건을 통해서 해명하고자 한다.

예수 그리스도의 죽으심으로 확립되고 그의 부활 가운데서 선포된 하나님의 의는 새로운 인간상의 기준이며, 이에 부응하는 인간의 의의 기준이다. 하나님의 의는 예수 그리스도 안에서 인간에게 약속되고 그 안에서 발견할 수 있기 때문에 인간의 사고나 노력 혹은 인간의 어떠한 업적으로 얻어질 수 없으며, 다만 인간의 고백과 하나님의 의를 받아들이고 실천하는 믿음을 통해서 이루어질 수 있다.

의인론의 문제와 자리

바르트에 따르면, 예수 그리스도의 죽음과 부활 안에서 하나님에 의해 실행된 심판은 긍정적 의미와 부정적 의미를 갖고 있다. 그것은 인간의 죄 된 교만과 타락에 대한 인간을 향한 하나님의 심판이라는 점에서 부정적 의미를, 하나님이 자기를 창조물 즉 계약의 상대자로 세운 인간을 변함없이 하나님에 속한 존재로 여기시고 있다는 점에서 긍정적 의미를 가지고 있다.[3] 이렇게 하나님의 심판에 관련된 두 가지 의미가 예수 그리스도의 죽음과 부활에서 계시된 것이다.[4]

바르트는 하나님의 심판이 이 심판의 이중적 의미를 지니고 있다고 보고, 우리의 죄와 진정한 자유, 우리의 죽음과 죽음을 넘어선 우리의 진정한 생명, 하나님의 우리에 대한 분노와 한없는 은혜와 자비는 별개의 것이 아니고 하나로 이해해야 함을 강조한다.[5] 인간 실존의 역사는 이러한 이중적 의미가 있으며 하나님의 심판의 긍정적 의미가 바로 의인론이다. 그러므로 의인론은 하나님이 그의 심판에 의해 우리를 고발하고, 유죄 선고하고, 죄인으로서 죽게 하지만, 그러나 같은 심판 안에서 새로운 삶을 살아가도록 우리를 용서하시고 해방하신다는 사실을 해명해야 한다.

의인론에서는 하나님 없는 인간 존재에서 하나님과 함께 하나님을 위한 인간 실존의 전환이 다루어져야 한다.[6] 바르트는 의인론의 문제를 몇 가지 사항으로 나누어 설명한다.

첫째, 인간에게 의를 주신 하나님의 의와 하나님에게서 인간이 받는 의를 나타내는 문제이다.[7]

둘째, 의인론은 하나님의 화해하시는 은총에서 지배하고 있는 하나님의 의와 실제로 하나님의 의 속에 지배하고 있는 하나님의 은총을 예증하는 문제이다.[8]

셋째, 의인론은 죄인을 위한 하나님은 어떤 분이신가 하는 물음에 대한 답변을 찾아내는 일이 과제이다. 이 문제는 바로 기독교 공동체와 확실한 신앙의 근본 문제이기도 하다.

넷째, 의인론은 누구를 위해서 있는 것인가? 바르트에게 있어서 시종일관 문제되는 것은 의인론의 과제를 수행하는 우리 자신의 의로움이다. 바르트는 그 누구도 자신을 배제하고 의인론을 말할 수 없다고 강조한다.[9]

다섯째, 어떤 관점에서 의인론은 다루어져야 하는가? 바르트는 우선 의인론은 예수 그리스도에 근거하여 다루어져야 함을 강조한다. '하나님의 은혜' 와 관련하여 의인론의 중심 주제를 파악하면서, 결론적으로 의인론이 모든 신앙교리의 근본이요 중심이며, 다른 교리들은 이와 관련된 첨가적 교리라고 말할 수 있다.[10] 그렇지만 의인론이 교회의 존재가 걸린 문제는 아니다. 교회의 존재성을 결정하는 근본 문제는 의인론의 근거이신 예수 그리스도에 대한 고백, 그의 존재와 활동에 대한 인식이다.[11] 그러므로 그리스도로부터 분리되거나 그 관계가 모호해지게 될 때, 의인론은 토대를 잃게 되는 것이다.

여섯째, 의인론을 다룸에 있어서 바르트는 성화의 관계를 매우 중요시한다. 바르트는 우선 의인과 성화를 구별한다. 의인과 성화는 하나님에게는 성령의 신비 안에서 단일한 것이지만 인간에게는 두 가지 것일 수밖에 없다.[12] 인간의 현실은 아직도 죄와 투쟁하는 현실이기 때문이다. 이 점에서 화해론은 구원론과 구별된다. 화해는 그 자체로 있는 것이 아니라 그것을 넘어서 도래할 구원을 지시하고 있다.[13]

의인은 수직적 은혜로, 수평적 은혜인 성화와 구별되어야 한다. 바르트는 이 둘을 혼동하거나 종합하는 것은 기독교적 사고 전체에 위협을 초래한다고 주장한다.[14]

일곱째, 바르트는 의인론을 다룸에서 성화론과 함께 소명론과의 관계에도 주목한다. 그는 소명의 측면을 뚜렷이 부각시켰던 19세기 기독교의 신학 유산을 진지하게 받아들인다. 19세기는 세계 선교의 새로운 지평이 열리며, 하나님의 나라의 도래에 대한 새로운 이해와 기대, 교회의 법과 세상적 실존의 과제 등을 새롭게 인식하게 된 시기였다. 바르트에게 이 모든 문제들은 교의학이 지나쳐버릴 수 없는 교회사적인 실재들이었다.[15]

바르트는 의인론과 성화론에서 소명의 차원을 진지하게 고려한다는 점에서 종교개혁자들과 구별된다. 루터와 칼빈은 주로 이중적 은혜를 말했으나, 바르트는 삼중적 은혜를 말하고 있는 것이다. 바르트는 소명의 차원을 고려하여 종교개혁 시대보다는 더 폭넓게 의인의 문제를 다루어야 한다고 생각한다. 바르트는 그리스도의 예언자직, 즉 소명이 제대로 숙고되려면, 종교개혁적 의인론의 틀에서 허용되었던 것보다는 더 큰 자유가 필요하다고 여긴다. 이런 관점에서 바르트는 '나는 어떻게 은혜로운 하나님을 대할 수 있나?' 하는 물음이 너무 오랫동안 개신교로 하여금 일종의 자기도취에 빠지게 하고, 소명의 측면을 도외시하게 하는 이유와 유혹이 되어왔다고 지적한다.[16] 소명의 차원을 강조함에도 불구하고 바르트는 의인론이 없이 소명, 파견, 희망, 세상에의 책임성은 의미를 갖지 못한다고 말한다.

그렇다고 해서 교의학의 분야에서 의인론의 인위적 절대화나 독립적 위치가 설정되어야 할 필요성은 없다. 오히려 일정한 한계 내에서 다루어질 때, 의인론은 그것의 전체적 의미와 효력 범위를 더욱 잘 드러낼 수 있다. 교의학적인 다른 주제들도 의인론과 별도로 그들 나름의 영역을 가질 수 있으며, 의인론은 이런 다른 분야의 풍부한 기독교적 인식의 전개를 방해하는 것이 아니라 촉진하는 것이다.[17]

바르트에게서 지혜와 지식의 감추어진 보고로서 예수 그리스도에 대한 고백은 의인론의 기초이며 정점이다. 다시 말하면 예수 그리스도의 살아 계심과 우리를 위하여 우리와 함께 계시며 활동하심을 깨닫는 것이 의인론의 기초이며 정점이라는 말이다. 바르트는 그리스도가 중심이고 출발점이며 귀착점이라는 사실을 받아들이게 되면 통일성과 일체감의 결여를 두려워할 필요가 없으며, 성화론과 소명론을 함께 다루게 됨으로써 의인론에 대한 이해가 더욱 풍성해질 수 있을 것이라고 전망한다. 의인론은 하나님과 인간의 화해에 대한 진실성과 가능성에 관한 문제를 포함한 모든 신앙적 문제들과의 관계에서 진지하게 고려되고 분명하게 답변되어야 한다.[18]

하나님의 심판(인간에 대한 무죄 선언)

의인 개념의 객관적인 내용은 동시에 하나님의 심판과 인간에 대한 무죄 선언을 포함한다. 죄인으로서의 인간은 하나님 앞에서 불의한 존재이다. 바르트에 따르면, 하나님과 불의한 인간 사이에 긍정적인 관계가 가능하기 위해서는 인간의 불의를 능가하는 '우월한 의'가 있어야 하고, 그러한 우월한 의의 행사에 의해서 인간의 불의가 제거되고 새로운 의가 수립되어야 한다. 여기서 우월한 의는 하나님의 의이고, 그것의 행사는 하나님의 심판이다. 그리고 하나님의 심판에서 인간의 의인이 일어난다.[19]

하나님을 안다는 것은 하나님의 의를 아는 것이며, 역으로 하나님의 의를 아는 것은 하나님을 아는 것이다.[20] 그러면 인간의 불의는 무엇인가? 그것은 의로우신 하나님과 자신을 비교하고자 하는 인간의 교만이다. 인간의 교만은 하나님으로부터 자신을 소외시키고 있으며, 하나님을 자신의 적으로 삼으며, 그럼으로써 하나님의 책망을 일으킨다. 그러나 불의한 인간은 하나님의 의에 항거할 수 없는 미약한 존재이다. 인간은 교만 즉 불신앙으로 말미암아 하나님을 거스르게 되고, 이러한 불의로 인하여 하나님의 심판의 대상이 된 것이다.[21] 하나님이 의를 행하시고 계시하신다는 말은 불의한 인간의 죄를 부정하고 극복하시는 하나님의 행위를 말하는 것이다.

하나님과 인간의 관계에 위기가 있음에도 불구하고 이러한 관계가 지속되는 것은 하나님의 거룩한 의의 역사 때문이며, 인간을 위한 하나님의 전적인 은혜로 이해할 수밖에 없다. 하나님의 은혜는 인간의 불의를 허물어뜨리고, 인간이 상실한 의를 회복시켜주신다. 하나님의 심판의 진정한 의미와 목적은 하나님의 은혜에 있다. 하나님은 진정 자신에게 진실한 존재이며, 거룩한 의에 근거한 의의 통치를 베푸신다.[22] 하나님의 의의 통치는 우리가 헤아릴 수 없는 하나님의 은혜이며, 이 은혜는 본질적으로 우리 자신에게 적용하거나 요구할 수 없는 것이다. 그러나 믿음으로써 우리에게 허용된 자유 안에서, 우리 자신의 능력과는 상관없이 하나님의 은혜와 하나님의 약속의 계시에 의지해서 하나님의 은혜를 희구할 수 있는 것이다.[23]

하나님의 은혜가 의의 근거가 됨은 심판을 통해서 명백하게 드러난다.[24] 바르트는 인간이 하나님의 엄격하며 근본적이고 명확한 심판대에 오르지만 그럼에도 불구하고 하나님의 피조물이며 선택한 그의 백성임을 상기시킨다. 바르트는 하나님의 의의 심판은 양면성을 갖고 있다고 본다. 부정한 인간으로서 하나님의 신성한 심판을 받을 수밖에 없으나 한편으론 불의한 인간 그 자체로 끝나는 것이 아니라 신성한 심판 아래서 하나님의 뜻과 목표의 대상적 존재로 결정됨을 말한다.[25] 인간은 인간이 불의로 말미암아 하나님에 의해 버림받고 거부당하고 정죄 받지만, 다른 한편 이러한 정죄 속에서 하나님에 의해 용서를 받으며 그 존재가 유지되는 것이다.[26]

바르트에 따르면, 이러한 의인의 역사는 그 양태를 파악할 수 있는 이원론과 다르며 의인은 어떤 양태로든지 포함될 수 없는 것이라고 한다.[27] 그 이유는 하나님의 역사에 함께 살고 있는 인간이 어떤 의미에서든지 간에 자신을 인식할 수 없으며, 우리는 이 역사를 어떤 관찰자에 의해서도 관찰될 수 없고, 단지 역사에 참여하는 사람들에 의해 삶이 영위되는 드라마라고 서술할 수 있을 따름이다.

인간의 의인은 이와 같이 하나의 절대적인 수수께끼이다. 물론 그것은 우리의 것이고, 우리는 이 드라마에 참여하고 있다. 그러나 하나님의 '부정' 아래 있는 우리의 과거와 그의 '긍정' 아래 놓인 우리의 미래 사이, 우리가 그로부터 나온 죽음과 우리가 나아가는 생명 사이의 대립은 그렇게 철저하고 절대적이며, 결정적인 대립이기 때문에 우리는 우리의 의식으로 그것을 경험할 수도 없고, 하나에서 다른 하나로 우리가 이행된다고 말할 수도 없다. 왜냐하면 이 역사가 언제나 우리의 낯선 예수 그리스도의 역사이기 때문이다. 바르트는 다음과 같이 말한다. "그것은 예수 그리스도 안에서의 하나님의 의의 행동의 인식에 속한다. 설령 그것이 우리를 지배하고 우리에게 적용되었을지라도 그것은 언제나 하나의 '낯선 의'(*justitia aliena*)이다. 왜냐하면 본질적으로 그것은 '그리스도의 의'(*justitia Christi*)이고, 그럼으로써 '우리의 의, 나의 의'(*nostra, mea Justitia*)가 되기 때문이다."[28]

이 '낯선 의'가 어떻게 우리의 것이 되는가? 어떻게 우리의 의인이 일어날 수 있는가? 바르트에 따르면, 그것은 하나님이 우리를 대신하였다는 사실에 의해서 일어난다. 하나님은 단지 모든 사람에 대해 그 자신의 주권을 내세우기 위해서만이 아니라 또한 그들의 주장을 자신의 것으로 만들고자 하신다. 그리스도는 인간을 위해서 인간의 힘과 의지를 넘어서는 모든 짐을 짊어지심으로써, 인간의 의인을 이루셨다. 죄인의 상황에 참여하시고, 모든 인간의 대표자가 되기 위하여 인간의 몸으로 이 땅에 오신 하나님의 행위가 예수 그리스도 안에서 이루어졌다. 그럼으로써 의인이 일어날 수 있었고, 일어났다.[29] 예수 그리스도는 죽음 가운데서 일어나셔서, 하나님과 더불어 살아 계시며, 인간의 의인을 완성하셨다.[30] 이런 의인의 과정은 순환될 수 없고, 돌이킬 수도 없는 것이다. 예수 그리스도 안에서 우리 의인의 출발점(*terminus a quo*)과 목적지(*terminus ad quem*)가 주어졌다. 그리스도 안에서 인간은 의인의 그 도상에 있다. 바르트에게 있어서 출발점에서 목적지로의 의인의 방향이 매우 중요하다.

의인의 출발점에서 목적지로 향하는 분명한 전망과 무한한 기쁨이 결여될 때, 의인론은 진지하게 전개될 수 없다.[31] 바르트는 예수 그리스도 안에서 의인된 인간은 하나님께서 우리에게 주신 자유를 어떻게 사용해야 하며, 영원히 의로우시며 우리 자신을 의롭게 하신 유일한 그분을 우리의 의인 가운데서 파악하기 위해서 그 자유를 어떻게 사용해야 하는가를 묻는 것이 현명한 일임을 강조한다.[32]

인간의 사면

하나님의 심판에서 종국적으로 인간에게 내려진 선언은 인간의 사면이다. 바르트에 따르면, 사면은 불의한 인간을 과거의 인간으로 만들고 의로운 인간을 새 인간으로 등장시킨다. 하나님에 의해 아무런 조건 없이 선포된 유용한 용서가 바로 인간의 의인인 것이다. 하나님의 심판은 시간의 중심에서 인간을 위하여 이루어진 은총의 사건이다. 그것은 인간 역사에서 중심적인 사건이다. 예수 그리스도의 죽음과 부활사건을 통해서 이루어진 죄인의 용서이다.[33]

인간이 의인을 알고 이를 받아들여 용서받은 인간으로서 살아가는 것은 의인의 권위가 총체적인 것을 뜻한다. 사면은 불의의 행위자인 인간을 그림자로 만들고, 의로운 인간에게 호흡, 육, 피, 실제적 실존을 부여한다. 그것은 저 인간을 폐쇄시키고 이 인간을 해방시킨다. 하나님의 심판은 분리시키는 심판으로서 인간의 불의, 불의를 행하는 인간과 하나님이 선택하신 피조물, 계약 상대로서의 인간을 구분하는 것이다. 이것이 하나님의 심판에 있어서 분리이며 용서인 것이다.

바르트는 세 가지 관점에서 사면에 대하여 설명한다.

첫째, 용서는 불의한 인간을 없애고 인간을 의롭게 하신 하나님의 심판이며, 인간의 행위가 아니라 하나님의 새로운 창조이다. 그것은 하나님이 예수 그리스도 안에서 행하신 일이다.[34]

둘째, 용서는 인간에 대한 하나님의 심판으로서, 인간의 존재를 뒤흔든다. 하나님에 의해서 용서받았다는 사실은 인간의 진리가 아니라 하나님의 진리인 것이다.

낡은 존재로부터 미래의 새로운 존재로 인간의 전위도 자신의 노력으로는 성취될 수 없고 오직 하나님에 의해서만 가능하다. 인간은 죄인이기에 자신의 죄가 용서받았는지를 스스로 알 수 없다. 오직 하나님의 계시로서만 가능한 것이다. 용서받은 자만이 자신의 죄를 인식한다. 예수 그리스도 안에서 일어난 용서는 우리의 말이 아니라 하나님의 말씀이다.[35]

셋째, 용서는 하나님의 판결이므로 부분적이 아닌 총체적인 것이다. 그것은 상대적이 아니라 절대적인 것으로서 그 권위와 그 타당성을 갖는다. 우리가 하나님에 의해 용서받았다는 사실은 우리가 하나님의 평화에 함께 참여한다는 것을 뜻한다.[36]

우리가 의인이라는 용어를 사용할 때 의인은 어떤 정적인 상태를 지칭하는 것이 아니라 출발점에서 목적지로 향하는 운동을 의미한다.[37] 인간은 출발점에서 목적지에 이르는 길에 있고 하나님의 약속을 이해할 수 있으며, 거기에 매달릴 수 있고 바로 이것이 자신의 의인의 시작이다. 인간이 자신의 죄를 고백함으로써 하나님의 의로 인한 인간의 의를 확실히 잡을 수 있으며 자기 의로움을 향해 한 걸음 나아가게 되는 것이다.[38] 바르트에 따르면, 사죄(赦罪)와 죄로부터 해방은 예수 그리스도에 의해 하나님에게서 주어진 것이며 이는 하나님의 은혜의 선물이다. 죄의 사면을 받는다는 것은 약속을 받는다는 것이며 확신을 가지고 그 약속의 방향에 순종하며 따른다는 것을 의미한다.[39]

사면은 지고한 의를 나타내는 행위이며 동시에 인간과 하나님 관계의 의로운 상태를 회복시키는 행위이다. 또한 하나님의 창조적 역사이며 새로운 미래의 인간을 만드는 역사이다.[40] 그러므로 죄에서 해방은 현실적인 사건이지만 그것은 약속으로 주어진 것이다.

하나님의 약속은 인간의 약속과 희망과는 반대로 확실하고 정확하고 충만하다. 이 점에서 하나님이 우리와 약속하신 미래는 하나님의 정확한 미래이다. 하나님이 약속하고 사람이 하나님의 약속으로서 그 것을 받았다는 사실에 의해서, 그것의 성취는 아직 멀리 있지만 이미 근접해 있다. 인간은 이미 장차 의인될 존재이다. 단지 부분적으로가 아니라 전체적으로 그러하다. 그는 그의 과거에 의해서는 여전히 '완 전한 죄인'(*totus peccator*)이지만 그러나 동시에 하나님이 그에게 약속 한 미래에 의해서 이미 '완전한 의인'(*totus iustus*)이다.[41]

바르트는 의인의 관점에서 하나님의 약속에 내포되어 있는 세 가지 의미를 분석한다.

첫째, 죄 사함은 인간의 과거를 종결시켜주는 것을 의미한다. 그러 나 그것은 한 번 일어난 일을 일어나지 않을 것으로 하는 것은 아니 다. 하나님의 사죄는 말뿐인 용서가 아니라 사람들의 죄과를 따지지 않으시는 전혀 새로운 상황에 놓이게 되는 창조적인 행동이다. 그것 은 과거와 단절시킬 뿐만 아니라 미래를 열어젖힌다. 그것은 사람을 새로운 출발점에 놓고, 새로운 힘을 부여한다. 하나님의 약속의 내용 은 '실현된 종말론'(realized eschatology)이다.[42]

둘째, 약속의 내용은 사람이 하나님의 자녀의 의를 알게 되는 것을 뜻한다. 그것에 의해 사람은 하나님과 공존과 사귐 속에 있게 된다. 이 의는 그의 미래를 구성한다. 그러나 그것이 하나님의 약속이고 그 러므로 확실한 약속이기 때문에, 사람은 지금부터 그의 미래를 앞당 겨 살아갈 수 있다.[43]

셋째, 의인은 사람을 '희망의 상태' 속에 있게 하는 것을 뜻한다.

하나님의 약속의 능력을 믿고 동시에 '죄인이자 의인'(*simul peccator et iustus*)으로 살아가는 자는 그가 걸어가는 길이 영속적인 왕복운동이나 순환운동도, 끝없는 행군도 아니라는 것을 안다. 그는 그의 운동이 종착점에 도달할 것이며, '완전한 의인'이 마지막 말이 될 것이라는 사실을 알고 있다. 그는 매일매일을 이미 시간적인 모든 현대 속에 감춰져 있는 이 종착점, 곧 영원한 생명의 순수한 현재를 향해 나아간다. 의로워진 인간은 그의 모든 죄를 용서받을 수 있으며 하나님의 완전한 자녀가 될 수 있는 것이다. 상속(inheritance)이라는 것은 의로운 존재 안에 감추어진 것을 말하며 인간이 도상 존재라고 느끼고 있는 순간마다 감추어져 있는 영원한 생명이다.[44]

믿음으로만의 의인

바르트는 의인의 객관적 측면을 다룬 뒤에, 주관적인 측면, 곧 하나님의 이 행동이 그 안에서 인식되고, 받아들여지고, 파악되는, 인간의 편에서 실현된 인간의 행위에 관심을 기울인다. 이 행위는 믿음이다. 인간의 행위로서 믿음은 결코 창조적인 특징을 갖지 않고, 단지 인식적인 특징만을 가질 뿐이다. 그것은 어느 것을 바꾸지 못하고 단순히 이미 일어난 변화로 인정하고 고백하는 것이다. 이것은 결코 협동이나 공적의 문제가 아니다. 바르트에 따르면, '믿음으로만'이라고 할 때, 그것은 믿음의 내적 가치, 특별한 덕성 혹은 능력에 의해 의롭다고 인정됨을 의미하지 않는다.[45]

믿음조차도 죄인의 행동이다. 믿음의 행위를 통해서 스스로 의인되려 한다면, 죄인이 결국 의인 행위의 주체로 남게 되어 도착(倒錯)이 일어나게 된다. 믿는 자로서 생각하고 말하고 행하는 모든 것도 다른 행위들과 마찬가지로 의인을 필요로 한다. 그러므로 믿음은 결코 자기 의인의 최고 형식이 될 수 없다. 만일 믿음을 자기 의인의 형식으로 주장한다면 바르트에게 있어서는 믿음은 인간 교만(죄)의 형식에 불과하다.[46]

자기 믿음, 자기 의인의 형식으로 주장한다면 바르트에게 있어서는 믿음은 인간 교만이고, 바리새주의자 중에서 가장 나쁜 바리새주의자가 된다.[47] 하나님은 인간적인 행위인 믿음에는 없는 그의 은총에 힘입어서만 인간을 의인한다. 이처럼 믿음 자체의 의인 능력 혹은 의인 자격을 부인함으로써 바르트는 칼빈 신학의 전통 위에 굳건히 서 있다.

하나님이 그의 선한 의도 안에서 그의 구원의 행동에 적당하다고 인정하는 이 믿음은 무엇인가? 바르트에 따르면, 그것은 겸손이다. 믿음의 겸손은 교만을 부정한다. 믿음의 겸손은 다른 모든 겸손으로부터 스스로를 구별한다. 그것은 결코 비관주의적이고 회의주의적이며, 패배주의적이고 염세주의적인 자기 비하가 아니다. 믿음의 겸손은 우리에게 용기를 주고, 우리 자신을 이러한 것들로부터 해방시킨다는 점에서 자유로운 순종 안에서 취한 자유롭고 즐거운 결정이다.[48]

겸손의 관점에서 '오직 믿음으로만'은 행위의 배제(그의 신앙의 행위조차도)라는 부정적 의미와 동시에 그리스도에 의해서만 의롭게 된다는 긍정적인 의미를 함축하고 있다.[49] 이 두 가지 명제는 서로를 제약하고 어느 하나가 다른 하나에 의해 해석된다. 왜냐하면 믿음은 순종하는 겸손이고, 자기 자신의 포기이기 때문에 그것은 인간의 의인에서 그의 능동적인 모든 협력을 배제한다. 그러나 거꾸로 신앙의 이 자랑스러운 고독, 곧 행위들을 배제하는 것은 신앙이 단지 순종의 겸손에 근거하기 때문에 의미를 갖고 진리일 수 있다. 따라서 '오직 믿음'으로는 결코 인간의 행위 자체를 부정하거나 무시하는 것이 아니다. 그것들은 그 자체로 인간적 본성의 행사이고 하나님의 선한 창조에 의해 그 자체로 선한 것들이다. 만일 신앙 그 자체가 사랑 안에서 활동적인 것이 아니라면 그것은 현실적으로 신앙이 아닐 것이다. 겸손은 인간의 행위 그 자체를 부정하는 것이 아니라 이 모든 행위에서 나타나는 교만을 부정한다.[50] 그러나 인간의 행위, 그 자체가 하나님에 의해 부정되는 것이 아니라면, 어째서 바르트는 '의롭게 하는 신앙'을 그것의 부정적 의미에서 파악하고자 하였는가? 그 이유는 모든 사람들의 의인을 성취하고 계시하는 우리를 대신하여 죽으시고 부활하신 그리스도와 그의 '의' 만을 확고하게 인식하고 붙드는 것이 목적이기 때문이다.[51]

우리가 의인의 객관적 현실을 분석할 때, 우리는 그분에 대해, 그리고 이렇게 의롭게 된 사람에 대해 말한다. 하나님의 아들이 우리를 위해 사람이 되고, 십자가에 달려 죽고, 부활하셨다. 그는 우리의 사람이고, 우리는 그의 안에 있다. 우리의 현재는 그의 현재이고, 우리의 역사는 그의 역사이다. 그러므로 바르트는 "그리스도 안에서 의롭다고 인정받지 않은 인간은 없다."고 말한다. 이 사실을 믿는 것이 믿음이다. 그리고 그것은 의롭게 하는 하나님의 행동을 인식하고, 파악하고, 깨닫는다. 그런데 정확히 그것이 그리스도에 대한 믿음이고, 그분이 모든 사람들의 의인이라는 것을 말하기 때문에, 그것은 필수적으로 겸손이고 "비움"이다.[52]

루터나 칼빈이 믿음을 '비움'이라고 묘사했듯이, 바르트도 믿음을 빈 상태로 표현했다. 그러나 바르트는 믿음이 '비어 있음'으로 표현되었지만 신비주의적 자기 비움(mystical self emptying)과는 관계가 없다고 한다.[53] 신비적 자기 비움의 행위까지도 배제한 것은 믿음은 자기 비움이 목적이 아니라 예수 그리스도와 그의 의를 인식하고 붙드는 것이 목적이기 때문이다. 믿음은 예수 그리스도를 믿음으로써는 인간 의인을 하나님의 행위로 인식하고 붙잡고 실현한다.[54] 그 때문에 믿음은 '빈 그릇'으로서 수용성을 갖지 않을 수 없다. 그리고 인간 자신에게서나 다른 누구에게서가 아니라 그리스도에게서만 의인을 얻을 수 있으므로 '그리스도에 대한 믿음으로만'의 배타성이 불가피하다. 그러므로 바르트에게 있어서 '믿음으로만'은 '그리스도로만'(Solus Christus)를 반영하는 것에 불과하다.[55]

바르트는 의인론을 이루는 세 요소인 '믿음, 의인, 그리스도' 중에서 근본적이고 지배적인 것은 그리스도라고 본다.[56] 그러므로 의인론은 그리스도를 지시함에서 끝날 뿐 아니라, 그리스도에 의해서 갱신되어야 한다. 믿음은 예수 그리스도가 우리를 위하여 십자가에서 죽고 부활하심으로 하나님의 용서가 모든 인간에게 선포되고, 예수 그리스도 안에서 우리의 구속사가 일어났다는 사실을 인정하고 받아들이는 행위이다.[57]

　그러면 믿음이 의지하는 자기 증명은 어디서 오는가? 이 자기 증명
은 예수 그리스도이다. 의인 받은 인간의 자기 증명은 모든 인간 의인
의 집행자와 계시자로서 살아 계시는 예수 그리스도이다.[58] 바르트는
'믿음으로만 의롭다' 라는 의인론을 결론적으로 주장하는 데 있어서
그리스도론적 관점에서 살펴보아야 한다고 말한다. 그에 따르면, 의
로운 믿음은 그 성격상 그리스도의 모방(*imitatio Christi*)과 관계되어
있다는 것을 분명히 밝힌다.[59] 믿음은 예수 그리스도를 모방하여 그와
일치하도록 노력하며, 유일한 분과 유사성을 지니는 것이다.[60] 믿음은
유일한 분이신 그리스도에 대한 구체적 응답이고, 예수 그리스도의
역사가 자신의 역사이며, 자신의 의가 그 안에서 심판 받았으며, 자신
의 의가 그 안에서 이룩되었다. 이제 인간 자신의 생명이 그리스도 안
에서 태어났고 인간 자신이 그리스도의 의로 말미암아 의롭게 되었
다.[61] 이것을 알 수 있게 되는 것은 오직 믿음에 의해서이다. 믿는 자
는 그것을 믿고 그 앞에 우리가 복종한다면, 그의 신성한 낮아지심에
상응하여 인간이 낮아지는 것이 의인의 전형이다.[62] 바르트는 이것을
속죄의 관점에서 제시된 기독교 윤리의 출발점이라고 규정한다. 이것
은 의인론과 대조를 이루는 성화론에서 근본적인 문제로 나타난다.

2장
칼 바르트의 성화론(聖化論)

바르트에 따르면, 예수 그리스도 안에서 성취되고 계시된 하나님의 화해 사건은 그리스도 안에서 하나님의 낮아지심과 인간의 높여짐으로 이루어진다. 의인과 성화는 그리스도 안에서 동시적으로 성취된 하나님의 은혜이다. 우리는 앞서 죄지은 인간의 의인이 하나님의 아들의 자기 비하와 긴밀한 관계가 있다는 것을 살펴보았다.

인간이 믿음으로 그의 의인을 인정받게 될 때, 이것이 화해의 첫 번째 계기이다. 그런데 우리는 화해사건이 또한 사람의 아들의 고양과 그것에 의한 인간의 고양을 포함한다는 사실을 보았다. 이것이 바로 예수 그리스도를 통한 인간의 성화이며, 하나님의 화해사역의 두 번째 계기이다. 그러므로 인간의 성화는 그리스도의 성화의 현실성에

근거한다. 또한 성화는 하나님께로 인간의 전환(conversion)이란 관점에서 본 화해이다.[1]

바르트는 성화론을 전개함에 있어서 의인과 성화, 거룩한 백성, 제자직, 전환에로의 각성, 행위의 찬미, 십자가의 존엄으로 나누어 논한다.

의인과 성화의 관계

바르트에 따르면, 성화는 시간적인 순서 속에서 일어나는 하나님의 상이한 두 가지 행위가 아니라, 예수 그리스도 안에서 동시에 수행된 하나님의 단일한 화해 행위로, 상이한 효과를 지닌 다른 두 가지 요소이다.

1) 의인과 성화의 통일성과 동시성

하나님께서는 예수 그리스도 안에서 교만한 죄인을 의롭다고 인정하고 태만한 인간을 성화시켰다. 바르트는 의인과 성화의 상관성을 예수 그리스도의 인성과 신성의 일치에서 찾는다.[2]

그리스도의 인성은 그분의 신성과 함께 그리스도 사건의 통합적 요소이다. 이것이 바로 예수 안에서 성취된 의인과 성화의 통일성이나 그것은 그리스도 사건 안에서 동시적으로 성취된 단일한 사건이다.[3] 이 행위는 그 자체가 예수 그리스도 안에 하나님의 낮아지심과 인간의 높여짐이기 때문에 이 하나님의 행위로 말미암아 인간의 의인과 성화가 동시에 성취되는 것이다. 이런 관점에서 바르트는 의인과 성

화를 구원의 질서(ordo Salutis)의 단계들로 보는 17세기 정통주의 신학을 배격한다.[4]

정통주의 신학은 구원의 질서에서 성령이 그리스도의 화해사건을 인간에게 적용시키는 시간적 순서로 보았다. 이 순서는 인간의 심리학적 고찰에 따라 전개된 것이다. 그렇게 이해하면 그리스도론(그리스도 사건의 동시성)과 구원론(구원 질서의 복잡한 시간적 단계들) 사이에 이원론이 성립될 뿐 아니라 구원의 은혜가 인간의 심리상태로 해소되어 불확실성과 모순에 빠지지 않을 수 없게 된다.[5] 그래서 바르트는 구원의 질서를 상이한 신적 행위들의 순서로 이해하지 않고 한 사건의 동시성에서 인간에게서 경험되는 구원사건의 상이한 요소들의 질서로 이해한다. 이렇게 구원의 질서를 동시적으로 성취된 구원 행위의 두 요소로 이해하면 객관적 구원 조성(그리스도의 화해사건)과 주관적 구원 획득(구속론)의 이원론은 극복되고 구원 질서 즉, 의인과 성화의 동시성이 인식된다.[6]

인간은 믿음으로 의인의 은혜에 복종함으로(사랑의 행위) 성화의 은혜를 붙들 수 있다. 그러나 인간의 믿음과 복종 자체가 불완전하므로 은혜를 붙드는 일 그 자체가 하나님의 기적과 은혜라고 한다.[7] 이처럼 바르트에게 의인과 성화는 그리스도 안에서 동시적으로 성취된 단일한 화해 행위이며, 구원사건의 상이한 두 요소이다.

2) 의인과 성화의 구별 및 연관성

의인과 성화는 구원의 사건이지만 두 상이한 국면, 두 실제적 요소이다. 의인과 성화는 구원사건에서 단지 두 가지 요소의 측면이고 같은 행동이기 때문에 그것들은 서로 분리될 수 없다. 그러나 둘의 상호 관계를 무시하면, 양자에 대해 그릇된 진술을 하게 되고, 실제적으로 상응하는 과오를 저지르게 된다. 의인과 성화가 비록 하나의 사건에 근거한 것이라 해도 구별하지 않으면 안 된다. 이 양자의 차이는 한 사건 안에서 두 가지 다른 요소를 지니며 그 근거를 두고 있다.[8]

바르트에 따르면, 의인과 성화의 관계는 칼케돈 신조에서 묘사된 그리스도의 신성과 인성의 관계와 같다. 그것들은 혼합될 수 없고 뒤바뀔 수도 없다.[9] 어느 하나가 다른 하나에 의해 해소되어서도 안 된다. 의인은 믿음만으로 붙들어지며, 성화는 복종하는 사람만으로 붙들어진다. 양자 사이의 관련성은 있으나 동일성은 없다. 그러므로 양자를 혼동하면 각자의 영역과 역할이 모호하게 된다. 의인이 성화에 의해 해소되면 선행의 필연성이 약화될 수 있다. 양자는 구별되면서, 각자의 영역과 역할이 뚜렷이 드러날 수 있게 된다.[10]

3) 의인과 성화의 상호 공속성

바르트에 따르면, 의인과 성화가 그리스도 안에서 동시적으로 성취된 한 분 하나님의 같은 은혜 행위라는 점에서 양자의 상호 공속을 강조한다. 이 점에서도 양자의 관계는 칼케돈 신조의 기독론 표현인 '분리될 수도 없고, 분리할 수도 없다.'로 설명될 수 있다.[11]

성화에서 분리된 의인은 본회퍼가 말하는 '값싼 은혜'일 수밖에 없으며 하나님은 고독하게 행동하는 하나님이게 된다. 그렇게 되면 나태한 정적주의에 빠지게 된다. 또 의인으로부터 분리된 정적주의에 빠지게 된다. 또 의인으로부터 분리된 성화는 분별없는 행동주의에 빠지고 만다.[12] 그러므로 바르트에게는 의인 있는 곳에 성화도 있고, 믿음 있는 곳에 사랑도 있고, 행위들도 있다. 이처럼 바르트가 양자를 구별하면서도 결부시키는 것은 후기 루터와 칼빈을 뒤따르고 있는 것이다.[13] 칼빈은 의인과 성화의 상호 공속성을 마치 손바닥의 양면과 같다고 보았다.[14]

4) 의인과 성화의 질서 관계

의인과 성화의 관계에서 어떤 구원의 질서가 존재하는가? 은총과 구원의 사건에서 선과 후의 관계가 있는가? 바르트에 따르면, 의인과 성화의 질서는 시간적 의미의 순서를 뜻하는 것이 아니라는 것이 전제된다.

예수 그리스도 안에서 하나님이 죄를 사하여주시는 행위의 동시성은 결코 시간적인 순서로 분리될 수 있는 것도 아니며 또한 심리적으로 다루어질 수 있는 것도 아니다.[15] 의인과 성화는 그리스도 안에서 동시적으로 함께 이루어지는 것이다. 그러나 그것은 의인과 성화의 질서가 완전히 무시될 수 있다는 것을 의미하는 것은 아니다.

바르트는 여기에서 내용적인 질서를 말하고 있다. 화해사건의 전체적 구조에서 보면 의인에게 우선권이 주어져야 한다.[16] 그러나 의도면에서 보면, 즉 화해의 목적이란 면에서 보면 성화가 의인의 상위질서이고 첫째의 것이다. 하나님은 화해를 통해 무엇을 원하시고 무엇을 이루시는가? 의인을 통해서 계약에 충실한 백성의 실존, 즉 성화를 원하는 것이 아닌가? 이런 점에서 보면 의인은 성화의 전제에 불과하다는 점에서 둘째의 하위질서이다.

그러나 의인과 성화는 똑같이 중요성을 지니며, 서로를 배제하는 것이 아니다. 서로가 교차되는 것이다. 따라서 의인과 성화는 둘 다 상위질서이기도 하고 둘 다 하위질서이기도 하다.[17] 화해사건은 이 두 요소와 두 측면의 차이점과 동일성을 포용한다. 그것은 예수 그리스도의 은총의 역사이며 그 역사는 동시에 하나님의 영광과 인간의 구원의 역사이다.[18]

거룩한 분과 성도들

성화론에서 세상과 하나님의 화해는 하나님이 그 백성을 거룩한 백성으로 만드신 것으로 나타난다. 인간이 하나님께로 전환하는 의인과 마찬가지로 성화도 세상과 인간을 위한 변화이며 전환의 결단이다. 바르트는 법적으로 일어난 성화와 실제로 일어난 성화를 구별한다. 성화가 법적으로는 만인에게 일어났지만 실제로는 믿는 자들에 의해서만 성화의 은혜는 붙들어지고 인식되고 고백된다. 실제의 성화는 하나님이 하나님을 위해 존재하고 섬기는 하나님의 백성을 조성하심에서 일어난다.[19]

하나님의 백성(교회)은 그 자체를 위해 존재하지 않고 그리스도 안에서 내려진 하나님의 결정(법적으로 만인에게 일어난 화해)의 증인이며 그 결정에 대하여 만인이 드려야 할 감사를 선취적으로 드리는 존재이다. 이런 의미에서 화해는 목적론적 의미를 갖는다. 이 성화는 하나님의 거룩한 백성들을 위해 그들과 함께 활동하시는 하나님의 거룩함에 의한 것이며 그분의 행위가 성화이다.[20]

창조주로서, 화해자로서, 해방자로서, 성부, 성자, 성령이신 하나님의 계시에 의한 하나님의 자비로 거룩한 백성이 된 사람들이 진정한 의미에서 성도이다.[21] 성도는 하나님의 은혜로 항상 거룩하게 된다. 인간과의 간격을 메우시는 하나님의 행위인 성화를 통해서 하나님의 계약 상대자인 새로운 인간의 존재 양식이 창조된다.[22] 예수 그리스도 안에서 창조된 인간의 새로운 양식은 인간의 사랑과 순종을 요구한다.[23] 이것은 인간의 의인이 신앙을 요구하는 것과 일치한다.[24] 인간은 자신이 의로워질 수 없기 때문에 그 자신을 성화시킬 수 없다. 다만 예수 그리스도의 권능과 은혜의 계시에 기초한 성화에 참여함으로써 성화가 이루어진다.[25] 성화는 이에 대한 인간의 사랑을 요구한다.[26]

그러면 예수 그리스도의 신성에의 동참으로 성도가 된다는 전제와 관련하여 성도의 참여와 성화가 현실적으로 어떻게 이루어지는가? 바르트에 따르면, 그것은 성령의 역사로 일어난다.[27] 성령은 성도들의 성화의 역사에 활동하며 살아 계신 주 예수 그리스도를 인간에게 계시하며, 거룩함의 증인이 되게 한다.[28] 그래서 성도가 그리스도의 거룩함에 참여하게 된다. 성령의 역사에 의한 성화의 주요 특성인 성도의 참여는 인간에게 자유를 준다. 이 자유는 그리스도의 인도하심에 따라 주어진다.[29] 그것이 인간 해방이며 바로 인간의 성화이다. 이 자유는 성령의 은사로 말미암은 권능이며, 인간이 그리스도로 바라보는

사실에 의해서만 자유로울 수 있다.[30]

거룩하신 분이 성령의 은사로 성도들을 실제로 자유롭게 하였기에 주의 용감한 백성이 될 수 있다. 인간이 그리스도 앞에서 자유로운 존재이며, 이 자유로 활용할 수 있다는 것이 기독교인의 삶의 분명한 전제이다(갈 5:1). 만일 이러한 전제가 없다면 기독교 윤리는 우리에게 아무런 의미가 없다.[31]

제자직(discipleship)

바르트에 따르면, 성화는 제자직을 구체적으로 수행하는 데 있다. '나를 따르라' 는 그리스도의 부름이 인간을 제자로 만든다. 그 부름은 예수 그리스도의 능력 안에서 일어난다. 바르트는 이것을 다음의 네 단계로 나누어 설명한다.

첫째, 제자직으로 부름은 예수 그리스도 자신이 인간을 성화하고 이 세상에서 그의 증인이 되기를 요구하기 위해 그 자신을 인간에게 계시한 예수의 특별한 명령의 형태이다.[32] 제자직은 예수의 부르심에 뒤따르는 믿음에서 성립하고, 예수께 드리는 복종의 행위에서 드러난다.[33]

둘째, 제자직은 '나를 따르라' 고 부르신 예수 그리스도에게 우리를 연합시킨다. 예수는 단순히 복종하는 신앙을 요구한다. 이것이 제자직으로 부르는 소명의 내용을 특징짓고, 그분과 우리를 하나로 연결한다.[34]

셋째, 제자직으로 부름은 믿음으로 첫 발자욱을 옮기라는 부름이다. 제자직으로 부름은 믿음 안에서 자기를 부정하는 첫 조치를 요구한다. 예수의 부름을 믿은 인간은 어제에 머물렀던 자신을 버리고 떠난다.[35] 제자직으로 부름은 매우 명확한 전진이다. 확실한 결정과 행위의 자유에서 진일보이며 자신과 타협이 없는 그의 명령을 따른 실제적 행위이다.[36] 여기에서 본회퍼가 말하는 단순한 복종이 중요한 것이다.[37]

넷째, 제자직으로 부름은 하나의 단절을 불러일으킨다. 즉, 하나님의 혁명이 일어난다. 바르트에 따르면, 이 부름 안에 하나님의 나라가 계시되는데 하나님 나라는 세상 나라들에 항거하고 대립하는 하나님의 혁명이다. 부름 받은 자는 하나님 나라의 계시를 견지해야 하고 생활로써 그 계시에 상응해야 한다.[38]

예수 안에서 하나님에 의해 이루어진 단절이 제자들의 삶에서 역사화되어야 한다. 이것이 바로 제자들을 부르는 이유이다.[39] 예수의 제자가 되었다는 것은 위임된 공적인 책임을 받아들이는 것이다. 그렇지 않으면 그의 영원한 구원은 위태롭게 되고 영혼을 잃게 된다.[40] 그리스도의 제자는 공적인 책임을 받아들이고 하나님 나라를 역사적으로 증거하라는 그리스도의 명령에 복종해야 한다.[41]

전환을 위한 각성(The awaking to Conversion)

바르트에 따르면, 제자직은 "전환을 위한 각성"에 의해 실현된다. 그리스도인들은 '나태'라는 '죽음의 잠'에서 깨어난 사람들이다. 그러나 그들은 하나님이 일깨워주셨기 때문에 깨어 있다. 인간을 전환의 운동으로 이끄는 것은 바로 이 각성이다. 나태한 인간은 각성을 통해 바로 일어서고 하나님을 향해 돌아서서 제자직을 실현하게 된다.[42]

각성 안에서 그들은 그리스도인이 되며 이제 자유롭고, 그들의 자유를 사용하게 되며, 그들 자신이 일어서게 된다. 그리스도 안에서 각성된 그리스도인은 그들 자신의 모든 과오와 환상과 허위로부터 깨어날 수 있다.[43] 각성은 그리스도 안에서 일어난다. 그것은 모든 마음과 영혼과 정신의 강력한 총화이며, 전 존재로서 전인적인 각성이다. 이 각성은 역사적 차원이다. 인간이 살고 있는 사회적 집단은 이 각성 안에서 깊이 관련되어 있다.[44]

전환은 개선이나 개혁의 문제가 아니라, 변화의 문제이고, 새로운 존재의 문제이다. 그것은 뒤돌아서는 것이고, 반대 방향을 향해 나아가는 것을 뜻한다.[45] 바르트에 따르면, 이 전환은 강력한 '정지' 와 '전진' 의 명령에 의해 이루어진다. 한 인간에게 동시에 "정지"와 "전진" 의 명령이 내려진다. 한편의 옛 인간에게는 정지를, 다른 한편의 새 인간에게는 전혀 다른 방향 곧 하나님을 향해 나아가라는 명령이 내려진다.[46]

바르트는 이 전환운동의 네 가지 성격을 다음과 같이 천명한다.

첫째, 이 전환을 동료 인간과의 관계를 도외시하고 하나님과 인간 사이의 관계에서만 일어나는 사건으로 해석해서는 안 된다. 전환은 인간 사회의 과제(인간 사이의 모든 관계), 즉 정치 · 경제 · 사회 등의 모든 분야에서 일어나는 전인적인 것이어야 한다.[47]

둘째, 인간의 전환은 단순히 내적인 혹은 외적인 새 운동 속에서 실현되지 않는다. 전환에서는 인간의 심정과 의지가 문제될 뿐만 아니라 거기서 비롯되고 행동 일체가 문제가 된다. 전환은 전인적인 평화로운 만남으로의 전향을 의미한다.[48]

셋째, 전환은 사적인 성격을 갖기도 하지만, 그러나 회심과 갱신이 일어날 때, 개인은 그의 사적 실존의 문턱을 넘어선다. 그는 하나님을 향해 돌아서고 새롭게 되면서 그의 개인적인 책임과 동시에 하나님의 나라와 하나님의 뜻을 위해 사는 공적인 책임을 떠맡게 된다.[49]

넷째, 인간의 전환은 처음 그리스도인이 될 때 한 번 일어나는 것이 아니라 세상에서 살아가는 동안 끊임없이 지속되는 운동이다. 따라서 그것은 어느 날 완성되는 것도 아니고 일련의 특별한 행위들로 이루어지는 것도 아니다. 그것은 그의 전 삶의 내용이며 성격이다. 이런저런 시기에 일어나는 어떤 체험을, 영감이나 감정의 격앙과 같은 계기들은 단지 전환을 상기시켜줄 수 있을 뿐이다. 전환과 함께 일어나는 성화는 그와 같은 특별한 사건들에 의존하는 것이 아니라 진리에 의해 움직이는 인간의 삶 전체를 통해서 일어난다.[50]

행위의 찬미(The praise of works)

바르트는 성화된 인간의 행위는 근본적으로 유기체적인 자연의 산물과 산출에 대비한 인간 활동의 열매들과 행위들이라고 한다. 그 개념은 엄밀히 말해서 역사와 관련된다. 그것은 예수 그리스도의 제자직에 대한 부름과 그로 인한 전환에 대한 각성에 의해 성화된 인간들의 행위를 말한다.

행위에 대한 찬미는 두 가지 의미를 갖는다. 첫째로, 하나님께서 은혜를 깨닫고 회개한 성도들의 행위를 찬미시하고 긍정시하며, 인정시하고 재가하시는 것이다. 둘째로, 인간의 행위로써 하나님을 찬미하고 긍정하며, 인정하고 재가한다는 의미이다.[51] 이 두 가지 의미는 선한 행위로 집중된다. 만약 인간이 선한 행위를 하지 않는다면, 하나님에 의해 찬미를 받을 수도 없고, 하나님을 찬미할 수도 없다. 이 두 가지 의미의 찬미 행위 없이는 우리가 예수 그리스도에게 속한 사람이 될 수 없다.[52]

바르트는 하나님의 행위에 대한 성서적 증언은 그리스도 안에서 인간에게 오시고 또 오실 하나님의 행위에 대한 증언을 포함한다고 말한다. 성화는 삼위일체 하나님의 행위에 대한 증언 안에서 실제로 증명되어야 한다.[53] 하나님은 인간의 구원을 위해서, 그리고 그와의 계약을 이루시기 위해서, 예수 그리스도 안에서, 그리고 모든 역사를 통해서 하나님의 행위를 분명하게 계시하셨다. 인간의 역사 속에 나타난 하나님의 자기 계시가 바로 하나님의 선한 행위이다.[54]

바르트에 따르면, 인간의 선한 행위는 하나님의 선한 행위와 관련되어서 가능하다. 인간의 역사는 처음부터 끝까지 인간 가운데, 인간과 더불어 관계를 맺으신 하나님의 역사이다.[55] 하나님의 선한 행위는 항상 하나님의 선한 행위를 드러내는 인간의 행위에 의해서 실행되는 형식을 취한다. 그 행위는 성도 자신이 속한 시간과 장소에서 공동체 전체를 위하여 책임적이다. 그런 책임적 행위를 통해서 성도는 공동체 가운데에서 믿음으로 살고, 진정한 자신이 될 수 있다.

하나님의 선한 행위와의 관계를 전제로 할 때, 비로소 성화로서 인간의 행위는 하나님을 찬미하고 긍정하고 인정하고 재가하게 된다. 인간의 성화는 하나님에 의해서 인정된 선한 행위 안에서 이미 일어나고 있다.[56] 바르트에 따르면, 인간은 하나님의 선택과 부르심과 능력 주심에 의해서 하나님의 선한 행위를 알리는 행위와 믿음과 회개와 사랑을 하게 된다. 그리고 나태와 부패와 분열 속에서도 하나님께서 은혜를 베풀어주시므로 하나님을 찬양하고 찬미하는 행위를 하게 된다.[57]

십자가의 존엄(The dignity of the Cross)

성화에서 궁극적인 순종은 십자가를 짐으로써 이루어진다. 예수 그리스도 안에서 성화된 자들이 짊어져야 하는 십자가는 예수 그리스도 자신의 십자가와 밀접하게 관련되어 있다. 십자가는 그리스도와 그리스도인 사이에 존재하는 관계의 가장 구체적인 형식이다.[58] 십자가는 나아가야 할 목표를 지시해준다. 그리스도가 십자가의 고난을 통하여 영광에 이른 것처럼, 그리스도인도 십자가에 의해서 영광과 존엄에 이르게 된다.[59]

바르트에 따르면, 그리스도의 십자가는 하나님에게 버림받음을 의미하였지만, 그리스도인의 십자가는 결코 하나님에게 버림받음을 뜻하지 않는다. 뿐만 아니라 하나님에게 버림받을 필요도 없고, 버림받을 수도 없다.[60] 그리스도인의 십자가는 그리스도의 십자가와 관련되어 있으면서도 구분된다. 그리스도인은 십자가를 지고 그리스도를 따를 뿐이며, 그리스도와 나란히 또는 앞질러 갈 수 없다. 그의 십자가는 그리스도의 십자가의 연장이 아닌 것이다.[61]

십자가는 예수 그리스도로 말미암아 일어났으며, 성화는 십자가를 통하여 그리스도의 역사에 참여함으로써 완성에 이르게 된다.[62] 바르트는 십자가를 지는 삶의 네 가지 유익을 말한다. 첫째, 겸손에 머물게 한다.[63] 둘째, 사랑의 매를 맞음으로써 그리스도가 받은 큰 형벌을 기억하고 감사하게 된다.[64] 셋째, 믿음, 복종, 사랑의 강력한 훈련이며, 특별한 시련과 죄 사함의 증언이다. 넷째, 선행의 기회와 능력이다.[65]

바르트는 십자가와 관련하여 명심해야 할 사실을 지적한다. 먼저, 십자가는 추구되는 것이 아니라는 점이다. 즉 고통에 대한 자기 추구는 우리의 성화된 삶 속에서 그리스도의 십자가에 참여함으로써 행하는 것과는 전혀 관련이 없다는 것이다.

다음으로, 십자가는 그 자체에 어떤 목적이 있는 것이 아니며 차선적이고 예비적이라는 점이다. 다만 십자가는 그리스도의 십자가가 부활의 능력 안에서 우리에게 제시한 미래의 영원한 생명이라는 하나의 목적을 갖고 있는 것이다.

십자가를 짐으로써 우리의 믿음이 훈련을 받고, 아주 특별한 사건 안에서 보존된다. 이것은 하나님께서 우리에게 허락하시는 선한 행위의 역사이다. 바르트는 십자가를 짊어지는 것의 세 가지 의미를 설명한다.

첫째, 세상으로부터 받는 박해이다. 박해 때문에 입증되는 사실은 비록 그리스도인이 이 세상과 연대적인 관계에서 책임적이지만, 그러나 전적으로 이 세상에 속할 수 없다는 것이다.[66] 십자가는 성도에게 고난을 의미하는 것만이 아니라, 그가 세상에서 낯선 자이며, 그리스도 안에서 세상과 거리감을 느끼게 한다.[67]

둘째, 피조물로서 겪어야 하는 질병, 죽음, 노쇠, 이별 등의 고통을 감수하는 것이다. 예수 그리스도가 이런 고난을 겪었다면 그리스도인에게도 이런 고난이 허락될 뿐 아니라 명령된다.[68]

셋째, 그리스도인에게 가장 무거운 십자가는 죄의 유혹이다. 그리스도인은 그리스도에게 속한 자로서 십자가를 지게 된다. 그러나 실제로는 그리스도인도 십자가를 원하지 않고 기대하지도 않는다. 이미 허락되어 있는 새로운 실존에 대하여 그처럼 완강하게 대립하고 있는 전체 실존이 십자가이다. 십자가의 고난은 그 자체가 목적이 아니며, 궁극 이전의 것이다. 그것은 기독교적 실존의 잠정적인 표지일 뿐이다.

고난 받는 그리스도인은 영생을 대망하는 자이며, 영생의 기쁨을 선취적으로 맛보는 자이다. 성화는 십자가를 짐으로써 완성된다. 십자가는 성육신의 완성이 실현됨을 의미한다. 십자가는 곧 사람의 아들의 올리움이다. 이러한 십자가의 존엄에서 그리스도를 따르는 이들의 올리움이 일어난다.[69]

3장

칼 바르트의 소명론

화해를 이루는 하나님의 행위는 단지 선고와 지시만이 아니라 약속을 포함한다. 하나님의 화해 사명에서 의인과 성화는 그 자체로 완전하다. 그러나 의인과 성화는 하나님의 화해사역에서 마지막이 아니라, 새로운 미래를 여는 시작이 되고, 화해는 바르트가 소명이라고 부른 (목적론적인) 형식을 띤다.[1]

따라서 소명은 하나님과 화해된 사람이 예수 그리스도 안에서 약속된 영원한 생명의 소망을 갖고서, 그의 미래인 하나님을 향해 서는 것을 뜻한다. 그리스도는 소명을 통하여 부름 받은 성도들을 잘 훈련된 증언자로서 예언자적 사명에 임하도록 위탁하신다.[2]

소명의 근거(생명의 빛 안에서의 인간)

예수 그리스도의 생명은 빛으로 나타나고, 이 빛은 특별히 예수 그리스도 영역 안에서 비추고 있으며, 이 빛을 통하여 소명의 사건이 일어난다. 소명은 화해의 말씀에 대한 그의 예언적인 사역 속에서 위치 지어지고 세워지는 사건이다. 예수 그리스도 안에서 인간을 의롭게 하고 예수 그리스도를 위해서 인간을 성화시키는 하나님의 은총은 인간의 감사 생활 가운데서 인간을 실제적으로 부르신다.[3] 인간의 소명은 인간이 하나님과 만나면서 일어나는 특수하고 유일한 사건이다.

예수 그리스도의 인간에 대한 소명은 제자들에게서처럼, 예수 그리스도의 소명의 특수성에 의해서만 부름을 받을 수 있다. 그러므로 모든 사람이 그와 같이 부르심을 받을 수 있는 것은 아니다. 바르트에 따르면, 소명의 근거는 의인과 성화와 같이 "창세 전에"(엡 1:4) 예수 그리스도 안에서 일어난 하나님의 은총의 선택이다.[4]

바르트는 여기서 예수 그리스도 안에서 일어난 "이중의 선택"을 말한다. 하나님은 고난, 버림받음, 죽음, 저주를 위해서는 자기 자신을 선택하시고, 구원, 축복, 영생을 위해서는 죄인을 선택하셨다. 창세 전에 예수 그리스도 안에서 일어난 이 은총의 선택에서 어떠한 인간도 거부되지 않았고, 모든 사람들은 그들의 의인과 성화, 그러므로 또한 그들의 소명을 목적으로 선택되었다. 이것은 "인간의 소명과 그의 자신의 역사를 앞서고 근거 짓는 전 역사이다."[5]

그러나 실제로 인간의 소명은 시간 속에서 일어난 예수 그리스도의 역사, 그의 화해사건으로부터 일어난다. 인간의 영원한 선택은 바로 이 역사에 근거하고, 그것이 시간 속에서 인간의 소명을 불러일으킨다.[6] 그런데 소명은 구별을 내포한다. 모든 사람이 그리스도의 부르심에 응답하는 것은 아니다. "부름 받은 자는 많지만, 택함을 받은 자는 적다."(마 22:14)는 사실은 예수 그리스도의 역사 안에서 이미 일어난 의인과 성화와 소명이 그들 자신의 역사 안에서 사건으로 일어나지 못한 자들이 많이 있다는 것을 뜻한다. 그러나 개인적으로 '아직 아니라'고 하더라도, 그것이 예수 그리스도의 역사 안에서 이미 일어난 사건의 역사를 가지고 있다는 사실을 변경하지는 못한다.[7]

바르트에 따르면, 그리스도인의 소명은 예수 그리스도의 우주적인 화해사건을 배경으로 일어난다. 그러므로 그리스도인은 모든 사람에 대해서 '한없는 개방성'을 견지해야 한다. 왜냐하면, 그리스도는 단지 그리스도인뿐만 아니라 믿지 않는 자들을 위해서도 죽으시고, 부활하셨으며, 지금도 그들을 위해서 성령의 능력 안에서 통치하시고, 장차 다시 오실 것이기 때문이다.[8]

소명의 사건

바르트에 따르면, 소명은 하나님의 은총과 계시에 의해 결정되고 다루어지는 인간의 시간 안에 살아 계시는 하나님의 특별한 행위이다.[9] 소명은 화해의 사건 가운데서 성령에 의해서 직접적으로, 그리고 즉시로 작용하는 그리스도의 말씀의 능력으로 일어난다.[10] 이런 점에서 소명은 궁극적으로 '영적'인 과정이다. 신약성서에서 '영적 현상'이란 '성령에 의한 것'을 의미하고, '매우 구체적이고 역사적이고 시간적인 현상'을 가리킨다. 그것은 예언자들과 사도들을 통하여 시간과 역사 속에서 일어난 것이다.

바르트도 근본적으로 소명을 영적 현상으로 이해한다. 소명은 예수 그리스도의 말씀의 능력으로 일어난다. 그리고 성령에 의해서 직접적으로 활동하고 살아 계신 예수 그리스도 이외에 다른 어떠한 주체도 고려의 대상으로 삼지 않는다.[11] 그러므로 인간 소명의 시간적이고 역사적 측면은 그것이 지닌 영적인 측면과 관련해서 이해되어야 하는 것이다. 바르트에 따르면, 소명은 일련의 연속적인 사건들, 곧 구원의 순서로 구분될 수 있는 그런 역사적이고 시간적인 과정이 아니다.[12] 같은 이유에서 '직접적인 소명'과 '간접적인 소명', '외적인 소명'과 '내적인 소명', '일회적인 소명'과 '계속적인 소명' 사이를 구별할 수 없다.[13] 소명은 언제나 성령을 통한 예수 그리스도 안에서의 하나님의 유일한, 직접적이고 개인적인 활동이다.[14]

소명의 목적

예수 그리스도께서 부르시어 하나님의 자녀가 되는 자유를 주신 자들은 "혈통으로나 육정으로나, 사람의 욕망으로 나지 않고, 하나님으로부터 난 자들"(요 1:12-13)이다. 이 관점에서 바르트는 소명의 목적을 밝힌다. 소명의 목적은 부름 받은 자가 그리스도와 같은 신인(神人)이나 천사와 같은 존재가 되는 것이 아니라 "그리스도인, 곧 그리스도의 사람"이 되는 데 있다.[15]

바르트에 따르면, 세상의 모든 사람들이 그리스도의 선택과 사명에 의해서 그리스도에게 속한다(요 1:11). 그러나 그리스도인으로 존재한다는 것은 그리스도를 아직 알지 못하거나 믿지 않는 자들과 달리 예수 그리스도에게 "특별하게" 속해 있다는 것을 의미한다. 이 특별한 의미에서 모든 사람들이 '여기 그리고 지금' 그리스도에게 속하지 않고, 오직 그리스도인만이 그에게 속하는 사람, 소유, 백성이 된다.[16]

예수 그리스도께서 그 자신으로 말미암아 인간을 구속하시는 능력은 하나님의 은총의 능력이다. 죽은 자 가운데서 부활하신 능력이 인간에게 역사할 때, 인간은 숨을 쉬게 되고 살게 되며, 부활하고, 그와 함께 그의 말씀과 행위와 통치를 받아들이게 된다. 그리스도와의 연합에서 인간의 정체성은 상실되지 않는다. 인간으로서의 기능이나 역할에 있어서 혼동이 없다. 인간으로 하여금 그리스도인이 되게 하신 그리스도와 그리스도인의 연합은 각각의 개체가 자신의 독립과 고유한 성질, 그리고 활동을 지닌 결합이다. 이것은 이상이 아니라 진실되고 총체적이며 분리될 수 없는 연합이다. 이것은 총체적이고 단순히 물리적이거나 지적인 것이 아니다. 이것은 분리될 수 없는 것이며, 일시적인 것도 아니다. 그리스도인이 그리스도의 역사 안에서 부름 받은 목적은 그에게 자기 자신을 내어주신 그리스도 안에서의 목적이 된다.[17]

그리스도와 그리스도인과의 일치는 양편의 모든 차이에도 불구하고 그리스도의 '자기 희생', '자기를 나누어줌'에서 일어나고 성립되기 때문에 참된 일치이다. 바르트에 따르면, 이 일치 안에서 그리스도인의 진정한 인간성이 일깨워지고, 자신만이 아니라 타자를 위한 삶을 살 수 있게 된다. 그리스도와의 일치 안에서 그리스도인의 실존은 그리스도의 실존, 곧 그의 삶, 그의 역사 자체에 참여하게 되기 때문이다.[18]

바르트에 따르면, 소명의 목적과 목표는 그리스도인이 되게 하는 데 있다. 소명의 목표인 새로운 존재 양식은 어떤 거룩한 형태나 완전 무결한 것이 아니라 여전히 인간의 형태이다.[19] "내가 기도하는 것은 저희를 세상에서 데려가기 위함이 아니다."(요 17:15)고 하신 그리스도의 말씀과 같이, 소명 안에서 성취된 새로운 창조물은 낡은 것을 폐기하고 파괴하는 것을 의미하는 것이 아니다. 그것은 바울이 말한 것과 같이 하나님의 새로운 옷이나 갑옷으로 인간을 덧입히는 것이다.[20]

바르트는 그리스도인의 실존의 특수성을 그리스도와의 '완전한 사귐'으로 표현한다. 완전한 사귐은 그리스도와의 '일치'이다. 그리스도와의 일치는 우선적으로 그가 자신을 우리와 결합하는 것에 의해 일어나고, 이 일치의 현실과 능력 안에서 그리스도인은 그리스도와 결합하게 된다.[21] 그러나 이 일치 안에서 여전히 그리스도는 주님으로서 말씀하시고 행동하시며 통치하시고, 그리스도인은 감사함으로써 그리스도의 부르심에 응답하게 된다. 그리스도께서 우리를 불러 연합하게 하시는 것은, 그가 죽음에서 낮아지시고 부활하여 높임을 받은 자로서, 하나님과 세상의 화해 그리고 모든 인간의 의인과 성화를 성취한 유일한 존재임을 의미한다.

증인으로서의 그리스도인

바르트는 그리스도인의 소명을 개인적인 경건을 진척시키는 데 국한하지 않는다. 물론 신자의 개인적인 실존이 변화되는 것도 중요하다. 그러나 더욱 중요한 것은 그가 이 세상에서 하나님의 화해의 선교에 참여하도록 부름 받았다는 것을 깨닫고, 하나님이 예수 그리스도 안에서 세상을 위해 행동하시고 가져다주신 것을 세상에 선언하는 증인이 되는 데 있다.[22]

바르트에 따르면, 소명의 본질은 하나님께서 그리스도인을 증인으로 만드시는 것이다. 예수 그리스도는 세계와 역사적 지평 안에 그분의 과거, 현재, 미래의 행위 가운데 존재하는 자신에 대한 증인으로 그리스도인을 만드신다. 즉, 그리스도의 예언자적 사역에 봉사하도록 하신다.[23] 그 때문에 소명의 역사에서 인간의 역할은 단지 수동적인 것만은 아니다. 그는 실제로 구원의 역사에 참여한다. 그리스도인은 그 자신의 자리와 방식에서 그 역사에 참되고, 의미 있고, 효과적으로 동참을 한다. 그러나 이것은 그리스도인이 이 역사의 주체라는 것을 의미하는 것이 아니다. 그는 단지 "협동하는 주체"로서 그 역사에 참여한다.

'협동하는 주체' 란 '섬김' 을 말한다. 그리스도인은 이와 같이 그리스도가 행하시는 것 안에서 섬기는 자로서 행동한다. 그 안에서 그리스도인은 협동한다. 그리스도 안에서 살아가는 그리스도의 사역에 참여하고, 따라서 구원의 역사에 참여하는 주체, 곧 활동적인 주체이다.[24]

그리스도인은 '그리스도와 함께' 활동하며, 그리스도가 세상을 위해 이루시고 가져다주신 것을 증거한다. 증인들은 법정에 선 증인처럼 자신들이 보아온 것과 들어온 것을 진술할 수 있어야 하며, 진술해야만 한다. 그리스도인의 소명은 그리스도께서 그 자신에 관한 지식을 그들에게 주었고, 이 지식에 그들을 불러낸다는 사실뿐만 아니라, 그분이 자신들에게 알도록 한 것을 진술하도록 가르치고 준비시킨다는 사실을 받아들이는 것이다.

소명 받은 그리스도인은 구약성서 시대에는 야훼의 예언자로 소명을 받았고, 신약 시대에는 예수 그리스도의 제자와 사도의 부름을 받았으며, 하나님의 구원 역사를 이룰 그 시대의 증인들이다.[25]

그리스도인으로 받는 고난

바르트는 그리스도인으로서 받게 되는 특별한 고난에 대해서 언급한다. 그리스도인이 받게 되는 고난은 세상에 의해서 가중되는 고난이다. 고난은 그 본성과 목적에 따라서 개인에게만 해당될 수 있고, 개인적으로 감당해야만 하는 것이기도 하다. 그리스도인은 모두 자신에게 해당하는 형태로서의 내적인 고난과 외적인 고난을 겪게 된다. 그리스도인으로 받는 고난 가운데 우리의 관심을 더욱 끄는 것은 사적인 것이 아니라, 근본적으로 공적이며 보편적인 것이다.[26]

바르트는 하나님의 부름을 받은 증인으로서, 증인의 삶을 살아가면서 세상으로부터 받는 고난은 일종의 선교라고 한다. 궁극적으로 고난은 자신에 대한 관심에만 머물게 하지 않는다. 고난은 다른 모든 사람들에 대한 관심으로 나아가게 하며, 심지어 고난을 일으킨 사람들에게까지 관심하게 하는 참된 선교이다.

그리스도인의 고난은 부름 받음에 따라서 그리스도의 증인으로서 살아가면서 직면하게 되는 세상으로부터 가해지는 것이다.[27] 바르트는 그리스도인의 고난은 구원에 대한 개인적인 경험이나 확신이 그리스도인의 본질로서 간주되는 곳마다 반드시 일어나게 된다고 설명한다. 예수 그리스도의 증인으로서 삶을 수행함에 따라 비롯되는 세상으로부터의 고난을 피하려는 것은 증인으로서 자신의 선교에 대한 포기일 뿐만 아니라, 그리스도인으로서의 존재를 포기하는 것이며, 그리스도인이 되는 것을 중지하는 것이다.[28] 고난을 통한 내적인 경험과 확신은 그리스도의 증인으로서 행한 선교의 결실이다.

바르트에 따르면, 그리스도인이 영광스러운 고난의 결실을 받아들이지 않음으로써 자신의 선교를 감당하지 못한다면, 그는 영적인 하나님 나라에 예정되어 있는 면류관을 잃게 될 것이다.[29] 고난의 결실은 내면적인 영역에서 성취되는 추상적인 믿음과 소망과 사랑의 행위가 아니라, 외적인 세상과 구체적으로 관련된 그리스도의 행위요, 그리스도의 증인의 행위이다. 증인으로서의 행위는 세상으로부터 가해지는 고난을 견디는 것이며, 회피해서는 안 되는 일을 수행하는 것을 말한다.

바르트는 고난에 대한 성찰을 통하여 그리스도인에게 가해지는 세 가지 유형의 고난을 설명하고자 한다. 본래 세상은 그리스도의 증인인 그리스도인에게 고난을 주며, 그리스도인은 자신의 증언으로 인하여 고난을 받게 된다.[30] 그리스도인의 이러한 고난은 궁극적으로 그리스도인을 고난 속으로 몰아넣으시는 그리스도와 나누는 교제이다.

첫째, 그리스도인의 고난은 그리스도인으로서 이 세상 속에서 피할 수 없는 세상의 상황과 방식으로부터 비롯된 것이다. 그리스도의 증인으로서 세상에 맞선 선교를 감당함으로써 비롯된 고난이다.[31]

둘째, 그리스도인 자신이 세상 속으로 들어감에서 비롯된 고난이다. 스스로 고난의 상황 속으로 들어가고 있음을 중시하지 않으면 안 된다.[32]

셋째, 그리스도인의 고난의 참 기초는 처음과 나중이신 예수 그리스도 자신이며, 그리스도인들과 나아가 그리스도와 더불어 나눈 교제이다. 그리스도는 그가 부르신 이들을 갈등하게 될 세상 속으로 인도하신다. 그리고 그리스도인은 세상과의 갈등에 노출됨으로써 자신이 감내해야 할 고난에 들어서게 된다.[33]

바르트는 예수 그리스도에 의해 소명 받은 그리스도인은 항상 고난 가운데 존재한다고 말한다. 그러나 궁극적으로 고난 가운데서 마침내 풍요로워질 것이며, 의심할 나위 없이 하나님께서 그의 편에 서 계심을 체험하게 될 것이다.[34]

고난 받는 그리스도인은 부활하신 예수 그리스도에 의해 보호받기 때문에 안전하다. 그러므로 우리는 부활하신 분과의 교제에서 장차 허락될 미래를 바라보며, 십자가의 고난 아래 놓여 있는 현재의 삶을 결단하는 것이다.[35]

그리스도인의 해방

그리스도인에게 소명이 개인적으로 중요한 까닭은 타인을 그리스도인으로 만드는 증인의 선교를 수반하고 있기 때문이다. 그리스도인은 예수 그리스도의 증인으로서 타인에게 증언하지 않으면 안 되며, 그럼으로써 자신의 존재를 확인하게 된다.[36]

바르트에 따르면, 그리스도의 증인으로서 주요한 특징은 그리스도의 해방에 대한 필수불가결한 증인이 되고자 함에 있다.

첫째, 그리스도인은 세상을 향하여 예수 그리스도께서 해방과 자유를 부여하신다는 것을 증언해야 한다.[37]

둘째, 그리스도인은 하나님의 행위와 계시에 대한 증인으로서 예수 그리스도만이 해방과 구원의 유일한 완성자임을, 그리고 예수 그리스도 안에서 실제적으로 알 수 있는 화해, 계시, 자유, 하나님의 은총을 증언해야 한다.[38]

셋째, 그리스도인으로서 모든 이들에게 보여주어야 할 것은 하나님의 행위와 계시에 대한 복음이 예수 그리스도 안에서 성취되었다는 그리스도 자신의 증언이다.[39]

바르트는 그리스도의 해방의 역사를 다음과 같이 말한다. 그리스도인의 해방은 고독으로부터 그리스도와의 교제(사귐)로 나아갈 때 일어난다. 고독과 자기 의존, 외로움으로부터 해방되는 것이다.[40] 그리스도인의 해방은 억압적인 지배로부터 자유로의 해방이다. 세상을 하나님과 화해시키기 위하여 예수 그리스도 안에서 하나님은 인간의 모습을 입으셨다. 그리스도에 의한 해방은 곧 구원의 역사이다.[41]

그리스도인의 해방은 인간 자신의 의로부터 해방이다. 그리스도인은 하나님과 세상의 화해가 예수 그리스도 안에서 성취되었다는 것과, 하나님이 예수 그리스도 안에서 인간을 의롭게 하시고 성화시켰다는 것을 증언하는 증인이다.[42]

그리스도인의 개인적 해방은 우유부단함으로부터 해방되어 결단력 있는 실천에 뛰어들게 된다는 사실에 기초한다.[43] 그리스도인의 해방은 더 이상 도덕과 비도덕의 논리에 존재하는 것이 아니라, 용서와 감사의 논리 안에 있는 것이다.[44] 그리스도인의 해방은 기도 가운데 이루어진다. 그럼으로써 그는 염려와 근심으로부터 벗어나 그리스도 안에서 모든 인간들을 위하여 그리고 전 세계를 위하여 증인으로서의 삶을 살아갈 수 있게 된다.[45]

바르트에 따르면, 그리스도로 말미암은 화해의 삼중적 사건인 의인과 성화와 소명의 순서는, 구원이 '소명, 회개, 의인, 합일, 성화, 영화'의 순서로 진행된다고 보았던 17세기 정통주의의 '구원의 순서'를 단순히 뒤바꿔 표현한 것이 아니다. 바르트에게 의인과 성화와 소명은 연속적인 사건들로 나타나는, 역사적으로 구분할 수 있는 시간적인 과정이 아니라, 전적으로 죄인을 위하여 일어나는 한 번의 사건일 뿐이다. 바르트는 의인과 성화와 소명을 그리스도 안에서 동시적으로 성취된 하나님의 은혜의 행위로 봄으로써 의인과 성화를 시간적인 순서, 혹은 인간 내면의 심리 속에서 순차적으로 일어나는 경험으로 생각했던 옛 교의학의 구원의 순서를 배격하고, 그것들을 예수 그리스도 안에서 동시에 수행된 하나님의 단일한 화해 행위로서 서로 다른 효과를 지닌 다른 형식들이라고 한다.

바르트의 화해론에서 특기해야 할 또 다른 사항은 그가 의인과 성화를 소명과의 관련성 속에서 다룬다는 점이다. 물론 하나님의 화해사역에서 의인과 성화는 그 자체로 완전한 사건이다. 하나님과 화해된 사람의 새로운 미래를 여는 시작일 뿐이다. 여기서 소명은 화해의 목적론적 형식을 띠고, 이 점에서 소명은 의인과 성화의 완성이라고 할 수 있다.

바르트는 의인과 성화와 소명을 그리스도 안에서 동시적으로 성취된 하나님의 은혜의 행위로 여기고, 우선 의인과 성화의 관계를 '혼합할 수도, 뒤바뀔 수도 없고', '분리할 수도, 분할할 수도 없는' 관계로 해명한다. 소명은 화해된 사람이 세상에서 예수 그리스도 안에서 성취된 하나님의 화해사역의 증인으로 살아가는 데 그 목적이 있는 만큼, 의인과 성화의 완성으로 보았다. 의인과 성화와 소명은 그에 상응하는 성도들의 삶과 행동과 증언을 기초하고 불러일으킨다. 의인은 하나님과 원수 된 죄인을 하나님의 사랑받는 자녀로 만드는 무죄 선언이다. 이 의인을 믿음으로써 승인하고 받아들일 때 새로운 존재로 변화되는 몇 가지 역사가 일어난다.

성화는 의롭게 인정된 자가 믿음 안에서 사랑으로 응답하는 삶을 정초한다. 성화도 하나님을 위해서 존재하게 하고 하나님의 백성이 되게 하는 은총에 대한 신자의 응답이다. 그리스도인은 예수 그리스도의 신성에 참여하므로 성화의 길에 들어선다. 그것은 성령의 역사로 일어난 인간의 성화를 포함한다. 이 성화도 그리스도를 뒤따르는 제자직을 수행하는 기초이다. 이 성화가 십자가를 짊어지므로 그리스도를 뒤따르는 교회와 성도의 삶으로 나타난다. 소명은 세상의 생명의 빛이신 예수 그리스도의 복음을 증거하고 그리스도의 역사와 존재에 참여하는 신자와 교회를 불러일으킨다.

소명 공동체로서 교회는 그리스도와 일치하고 연합하며, 고난을 받으면서 선교의 사역을 감당한다. 그리스도의 제자직은 창조적인 고난에서 수행된다. 고난이 없는 교회와 성도는 존재하지 않는다. 이런 점에서 고난은 교회의 특권이기도 한다. 그것은 고난을 통하여 그리스도의 영광과 승리에 참여하기 때문이다.

바르트의 의인론과 성화론 및 소명론은 값싼 은혜에 만족하고 있는 오늘의 교회를 일깨우고, 병든 교회를 치유하여 십자가를 짊어진 역사의 파수꾼으로 세우는 데 기여할 것이다.

본회퍼의
제자직 이해

1장

값비싼 은혜

값비싼 은혜의 신학적 배경

본회퍼(Dietrich Bonhoeffer, 1906-1945)의 신학을 이해하기 위해서는 먼저 그로 하여금 믿음만이 아니라 복종, 제자직, 행동의 삶을; '믿음의 학'이 아니라 '복종의 학'을; '옳다고 인정받음'이 아니라 '거룩하게 됨'을 강조하지 않으면 안 되게 했던 역사적 상황에 관한 이해가 필요하다. 본회퍼는 당시 독일교회가 직면하고 있는 문제의 절박성을 실감하고 있었다. 그것은 교회의 책임적인 증언이 절실히 요구되는 1933년 이후 독일의 사회 상황에서, 교리의 틀에 갇혀 자신을 기만하고 있는 교회의 모습이었다.

본회퍼는 신앙이 복음적으로 옳다고 하더라도 복종의 직접성을 잃어버린다면 추상적인 신앙에 지나지 않는다고 생각했다. 그는 추상적 신앙, 교리적으로 알고 있으나 복종이 없는 신앙, 말하자면 행함이 없는 신앙, 성화가 없는 의인, 이러한 신앙을 교회의 가장 큰 원수로 보았고, 자신이 속해 있는 독일교회가 바로 이러한 신앙에 빠져 있다고 판단했다. 이러한 신앙을 그는 '싸구려 은혜'를 추구하는 신앙이라고 불렀다.[1] 본회퍼가 『나를 따르라』에서 주장한 것은, 키에르케고르(Kierkegaard)가 헤겔(Hegel)을 비판하고, 그 시대 기성교회를 비판했던 것처럼, '복종을 추상으로 만드는 것', '형식적인 신앙', '값을 치르지 않은 싸구려 은혜'에 대한 비판이었다. 본회퍼는 루터의 '은총을 통한 신앙'으로 말미암아 '옳다고 인정받음'이 '싸구려 은혜'로 전락해버렸고, 나치스의 숨은 악의 공격 앞에서 싸구려 은혜의 꿈을 꾸고 있는 독일교회의 모습에 대해서 놀랐던 것이다.

성화, 그리스도인의 삶의 '거룩'에 대해서 본회퍼만큼 일관되게 관심을 기울이 신학자도 드물 것이다. 디다케(Didache), 그리고 토마스 아켐피스(Thomas a Kempis) 이후로, 특히 개신교 전통에 있어서 『나를 따르라』는 성화 신학의 부활이며, '거룩하게 됨'의 신학적 수립이라고 하겠다.[2] 당시 독일교회는 전통적인 루터의 의인 교리를 갖고 있었지만, 루터의 은혜를 싸구려 은혜로 사용하고 있었다. 은혜의 교리는 지키고 있었으나, 은혜의 주를 따르는 삶은 상실하고 있었다. 그리스도의 참된 제자됨은 잊고 있었던 것이다.

본회퍼의 관찰을 그대로 옮겨본다면, 독일교회는 싸구려 은혜의 시체 위에 까마귀처럼 모여서 거기서 그리스도를 따라가는, 삶을 죽인

독을 마시고 있었다.[3] 당시 본회퍼가 보았던 교회의 치명적인 문제는 '싸구려 은혜'와 '복종 없는 신앙'이었다. 본회퍼는 독일교회의 가장 시급한 문제가 바로 여기에 있음을 확신하였다.

본회퍼는 현대 사회에서 참된 그리스도인의 삶을 살고자 하는 문제로 고민하는 사람들을 위해서, 그리고 '은혜'란 말의 의미를 상실한 사람들을 위해서, 복음의 진정한 메시지를 발견하려고 하였다. '싸구려 은혜'로 말미암아 그리스도를 따라가는 길을 잃어버린 사람들을 위해서, 본회퍼는 은혜와 제자직 사이의 관계, 루터가 찾은 참된 은혜, 의인, 값비싼 은혜, 제자직, 복종의 삶 등 '거룩하게 됨'의 진정한 의미를 전통적인 신학 용어를 그대로 사용하여 신학적으로 재확립하고자 했다.

값비싼 은혜

본회퍼는 은혜를 값싸게 보는 견해야말로 교회의 원수가 됨을 알아야 한다고 지적한다. 오늘날 그리스도인은 값싼 은혜가 아니라 값비싼 은혜를 얻기 위한 싸움을 해야 한다. 값싼 은혜는 싸구려로 팔아버리는 상품과 같은 것으로, 억지로 내맡기는 죄의 사유요, 위로요, 성만찬이 바로 그것이다. 가득 쌓인 식료품 창고에서 필요한 물품을 꺼내오듯이 별다른 생각 없이 주어지는 은혜를 뜻한다.

은혜의 본질은 값도 대가도 없는 것이다. 대가가 이미 지불되었기 때문이다. 그러나 대가가 이미 지불되었기에 언제나 값없이 제공되는 것이라는 값싼 은혜는 살아 계신 하나님 말씀의 부정이며, '말씀이 육신을 입은 사건'에 대한 부정이다.[4] 기독교는 널리 전파되고 그 영역이 확장됨에 따라서 점차 세속화되었고, 그 은혜는 값비싼 가치를 상실하게 되었다. 세상은 기독교화되었고, 은혜는 기독교 세계의 통속적 개념이 되어버렸다. 하나님의 은혜가 값싸게 소유할 수 있는 사유물이 된 것이다.[5]

본회퍼는 루터가 논한 은혜는 값비싼 은혜였다고 말한다. 그러나 그 은혜의 본질이 사라진 것이다. 독일 민족은 기독교화되었으나, 그 결과로 하나님의 은혜는 값싼 것이 되어버렸다. 값싼 은혜가 결국 승리한 것이다. 그러나 값싼 은혜에 의지한 교회는 희망을 상실한 교회가 되고 말았다.

본회퍼는 값싼 은혜 같이 복음적 교회에 잔인한 것은 없다고 말한다. 값싼 은혜는 무사주의를 외침으로써 그리스도를 따르는 길을 막고, 신앙의 노력은 허무한 것이고 정력의 낭비요 쓸데없는 고생이라고 하며, 그리스도를 따름의 기쁨을 질식시키기 때문이다. 그리고 인간의 공로를 내세우는 그 어떤 계명보다 값싼 은혜의 말씀이 더 많은 그리스도인을 멸망으로 인도했기 때문이다.[6] 본회퍼는 '죄인이 의롭다고 인정받음'에 견주어 '죄가 의롭다고 인정받음'이란 표현을 사용한다. 죄인이 아니라 '죄가 의롭다고 인정받음'으로써 세상은 있는 그대로를 인정받고, 세상에서 사는 삶의 방식에 변함이 없게 된 것이다. 삶의 모든 영역에서 그리스도를 따르는 대신에 세상의 기준에 따라 살면서도 은혜의 위로를 누리게 된 것이다. 회개를 요구하지 않는 사죄의 설교, 훈련 없는 세례, 신앙고백 없는 성만찬, 은밀한 참회 없

는 면죄의 확인이 행해진다. 이렇게 말씀에 대한 순종을 말하지 않는 은혜가 바로 값싼 은혜이다.[7]

본회퍼는 값싼 은혜를 비판하고 값비싼 은혜를 주장했다. 값비싼 은혜는 밭에 숨겨진 보물처럼 귀중한 가치를 지닌 은혜이다. 이 보물을 사려는 사람은 집에 돌아가서 전 재산을 기쁨으로 팔아 대가로 지불한다. 기꺼이 전 재산을 내어줄 수 있는 귀한 가치를 지닌 보물이 값비싼 은혜이다. 이 은혜는 계속해서 찾아야 할 복음이요, 간곡히 구해야 할 은사며, 두드려야 할 문이다. 이 은혜는 따라오라는 부름이기에 비싼 것이고, 예수 그리스도를 따라오라는 것이기에 하나님의 은혜인 것이다. 값비싼 것은 죄를 저주하기 때문이요, 은혜라 함은 죄인을 의롭게 보기 때문이다. 은혜가 비싼 이유는 무엇보다도 자신의 아들을 대가로 지불하신 하나님의 희생 때문이다. "너희를 비싸게 샀다."고 말씀하시듯, 하나님께 비싼 것이 우리에게도 비싼 것이 되는 것이다. 값비싼 은혜는 결국 하나님이 사람 되신 것을 뜻한다.[8] 본회퍼는 은혜가 귀함은 그것이 하나님의 신성에 속하기 때문이라고 한다. 따라서 우리는 세상을 항상 주의하여 은혜를 개에게 던지지 않도록 해야 하며, 살아 계신 하나님의 말씀에 따라야 한다. 예수를 따라오라는 은혜의 부름은 우리를 감동시키며, 용서한다는 말씀은 불안하고 지친 마음을 위로한다. 은혜가 비싼 것은 예수 그리스도를 따라가는 멍에를 지도록 하기 때문이다. 그리스도의 멍에를 메고 그를 따를 것을 인간에게 요구하고 제자됨의 값을 요구하기 때문이다.[9]

본회퍼에 따르면, 값비싼 은혜가 바로 초기 기독교가 발견했던 은혜였다. 그러나 기독교가 전파되고 교회가 더 세속화됨에 따라서 값비싼 은혜의 성격은 점점 약해졌고, 세계가 기독교화됐을 때 은혜는 세상의 공동 소유가 되었고, 세상은 은혜를 값싸게 얻을 수 있게 되었다.

수도원 운동은 값비싼 은혜를 교회 밖의 언저리에서나마 유지하려는 교회의 노력에서 일어났다.[10] 그들은 그리스도를 따르기 위해서 세상적인 소유를 모두 버렸다. 그리고 날마다 그리스도의 명령을 실천하려고 애썼다. 이와 같이 수도원은 기독교의 세속화와 은혜를 값싸게 하는 것에 대한 반항이 되었다. 그러나 수도원을 인정하는 것은 교회가 그 자체의 삶의 세속화를 정당화하는 것을 의미했다. 예수의 계명을 전문적이고 한정된 그룹에 제한함으로써, 교회는 이중적인 기준, 즉 최대한의 기준과 최소한의 기준이라는 치명적인 개념을 발전시켰다. 그래서 은혜의 값비싼 성격을 교회 안에서 보전하려고 했으며, 그것을 사명으로 삼았던 수도원 제도가 교회의 세속화에 대해서 결정적인 정당화를 제공했던 것이다. 본회퍼에 따르면, 수도원 제도의 치명적인 과오는 그것의 엄격주의에 있었던 것이 아니고, 그것을 선택된 소수의 개인적 성취로 여기고, 그것 자체의 특수한 공적을 주장함으로써 참된 기독교로부터 멀어지게 된 역사성에 있다. 수도 생활을 자기 의사 결정에 따른 소수인의 특별 행위로 인정하고, 이에 따른 특수 업적과 공로를 인정함으로써 보상을 요구할 수 있는 길을 열어놓은 데 있다는 것이다.[11]

본회퍼는 '믿음으로 말미암아 옳다고 인정을 받는다.'는 루터의 가르침이 루터의 콘텍스트에서 떠나 값비싼 은혜로부터 값싼 은혜로, '죄인이 옳다고 인정을 받는 것'으로부터 '죄가 옳다고 인정받는 것'으로 탈선된 과정을 폭로하고, 다시 루터의 값비싼 은혜를 되찾고자 했다. 그는 수도원으로부터 세상으로 내려온 루터의 행동과 신앙의 자유를 전에 볼 수 없었던 논리와 깊은 통찰로 다시 해석했다.

본회퍼에 따르면, 수도원에서 세상으로 돌아온 루터의 세속화는 진정한 의미에서 '값비싼 은혜'의 실현이었다. 수도원으로의 부름은 루터에게 그의 삶의 완전한 파기를 명했다. 그는 그리스도를 따라가기 위해서 모든 것을 버렸다. 그리스도인의 삶을 살기 위해서 그는 세상을 부정했다. 그러나 하나님은 그의 모든 희망을 깨뜨려 부수었다. 그는 성서를 통해서 그리스도를 따르는 것은 선택된 소수의 성취나 공적이 아니고 모든 그리스도인들에게 구별이 없는 하나님의 명령이라는 것을 밝혔다. 수도원 제도는 제자직의 겸손한 일을 성도들의 공적인 활동으로, 그리고 제자직의 자기 부정을 '종교적인'의 영적 자기 주장으로 변화시켰다. 세상은 수도원의 삶의 바로 중심 속에 들어와 있었고, 세상으로부터 도피하려고 했던 수도사의 시도는 세상에 대한 사랑의 교묘한 형태가 됐다. 이와 같이 종교적인 삶의 밑바닥이 뒤엎어졌을 때, 루터는 하나님의 은혜를 붙잡았다. 수도원 제도의 세계가 그의 주위에서 허물어졌을 바로 그때에 그는 그리스도 안에서 구원의 손을 내밀고 계신 하나님을 보았다. 그리고 믿음으로 하나님의 손을 잡았다.[12]

루터는 우리가 어떠한 선한 삶을 살든지, 우리가 행하는 그 어떤 것도 근본적으로는 소용이 없음을 깨닫게 되었다. 그가 받은 은혜는 너무나도 값비싼 은혜였다.[13] 이 은혜가 그의 전 존재를 분쇄했다. 그는 또다시 자신의 그물을 버리고 그리스도를 따라가지 않으면 안 되었다. 첫 번째 따름은 모든 것을 버리고 수도원을 들어갔을 때였다. 그리스도를 따랐지만, 경건한 삶의 추구를 버리지 못했었다. 이제 두 번째 따름에서 그는 경건한 삶의 추구를 버리게 되었다. 그리고 자신의 공적을 통해서가 아니고 단순히 하나님의 은혜를 통해서 그리스도의 부름에 복종하게 되었다.

루터가 수도원을 떠나서 다시 세상으로 돌아오지 않으면 안 되었던 것은 세상 그 자체가 선하고 거룩했기 때문이 아니었다. 수도원도 세상의 한 부분에 지나지 않았던 탓이었다. 이러한 루터의 깨달음은 신학적으로 초대 교회 이후 가장 큰 충격을 불러일으켰다. 그가 수도사가 되면서 선택했던 세상 부정은, 세상으로 다시 돌아올 때 했던 자기 부정에 비하면 지극히 초보적인 것이었다. 이제는 세상에서의 도피가 아니었다. 예수를 따라가는 유일한 길은 세상에서 사는 길이었다. 지금까지의 기독교적 삶은 수도원 제도라는 특히 유리한 조건들 아래에서 몇 사람의 선택된 사람들에 의하여 성취되었다. 그러나 이제 기독교적 삶은 이 세상에서 사는 모든 신앙인들에게 부여된 의무가 되었다. 예수의 명령은 일상의 생활 속에서 복음에 일치되어야 한다. 세상의 삶과 그리스도인의 삶 사이의 치열한 갈등이 시작되었다. 루터의 순전한 은혜의 재발견을 예수의 계명에는 복종하지 않아도 좋다는 것으로 생각한다면 그것은 루터의 행동에 대한 치명적인 오해이다. 루터를 수도원에서 세상으로 돌아오게 한 것은 '죄가 옳다고 인정을 받는 것'이 아니고, '죄인이 옳다고 인정을 받는 것'이었다. 루터가 받은 은혜는 값비싼 은혜였다. 이것이 바로 본회퍼가 깨달은 종교개혁의 비밀인 '죄인이 옳다고 인정을 받는 것'이었다.[14]

본회퍼는 계속해서 루터의 후계자들이 루터의 '은혜' 개념과 '믿음만으로 옳게 되는 것'을 반복하면서도 루터에게 가장 중요했던 '값비싼 은혜'를 '싸구려 은혜'로 만들었다고 밝힌다.

루터는 인간의 행실과 노력이 아무리 종교적이라고 해도 하나님 앞에서 설 수 없다는 것을 가르쳤었다. 그는 영적으로 곤궁한 상태에 이르러 믿음으로 모든 죄가 사함 받음을 깨닫게 되었다. 이 체험을 통해서 루터는 죄 사함의 은혜는 생명의 값을 치른 것이며, 그리고 날마다 계속해서 값을 치러 나가야 하는 것임을 깨닫게 되었다.[15] 이 은혜는 루터로 하여금 제자직의 짐을 면하게 해준 것이 아니라, 더욱더 진지한 제자가 되게 하였다. 이제 루터에게 은혜는 그리스도에게 절대적으로 복종하는 삶을 의미하게 되었다. 루터의 후계자들은 그의 가르침을 받았지만 문자적으로 반복했을 뿐이고, 그의 가르침의 핵심 내용인 제자직의 복종은 제외했다. 결국 세상에 있어서 '죄인이 옳다고 인정받는 것'이 '죄와 세상이 옳다고 인정을 받는 것'으로 타락했고, 값비싼 은혜는 제자직 없는 싸구려 은혜로 바뀌어졌다.

루터는 은혜를 자신의 전부를 드리는 삶에 대한 하나님의 응답으로 이해했지만, 그의 후계자들은 이러한 하나님의 응답을 자기 자신을 위한 계산 자료로 바꾸어버렸다.[16] 문제의 근원은 바로 여기에 있다고 본회퍼는 생각했다. "나는 가서 내가 원하는 만큼 죄를 지을 수 있고, 나를 용서해주는 이 은혜를 신뢰할 수 있다. 왜냐하면 세상은 원칙적으로 은혜로 말미암아 옳게 되었기 때문이다. 그렇기 때문에 나는 세속적 존재를 고수하고, 이전의 상태에 머물러 있을 수 있다. 그러면서도 하나님은 나를 용서해줄 것이라는 확신을 가진다. 그리스도인의 삶은 세상 안에서 세상으로서 세상과 하나도 다른 것이 없이 사는 것 이외에 다른 것을 의미할 수 없게 된다. 이 모든 것의 결과는 분명하다. 나의 유일한 의무는 주일 아침에 한두 시간 세상을 떠나서 내 죄는 다 사해졌다는 확신을 얻기 위해서 교회에 가는 것일 것이다. 나는 그리스도를 따라갈 필요가 없다. 왜냐하면 제자직의 가장 큰 원수인 '값싼 은혜'가 그것으로부터 나를 자유하게 했기 때문이다." 이러한 생각이 바로 우리의 계산 자료로 사용된 '값싼 은혜'로 말미암은 것이다. '값싼 은혜'나 '값비싼 은혜' 모두 '믿음으로만 의롭게 된다.'는 공식을 사용하지만, 어느 한쪽에서는 공식에 담겨진 본질이 완전히 파괴될 수 있다.[17]

본회퍼에 따르면, '은혜로 인해서 의롭게 되었다.'고 말할 수 있는 권리를 가진 유일한 사람은 초년생처럼 믿음의 첫 발자국을 내어딛는 사람이 아니라, 모든 것을 버리고 그리스도를 따라간 사람, 비싼 값을 지불한 사람뿐이다. 이러한 사람이 제자직으로의 부름이 은혜임을 안다.[18] 본회퍼는 은혜의 값싼 제공으로 혼미하게 된 정신을 가다듬지 못하고, 예수 그리스도의 부름을 따라가야 할 자신의 길을 내버리고, 값싼 은혜로 일단 바뀌게 되면 귀한 은혜를 인식할 길이 막히고 만다

고 경고한다.[19]

본회퍼는 은혜와 복종의 관계를 바로 이해해보려는 시도는 오늘을 사는 신앙인에게 피할 수 없는 과제라고 생각했다. 교회가 직면한 현실이 그리스도인의 실제 생활에 대한 자세와 직결되어 있음이 명백히 드러났다. 본회퍼는 은혜가 순수하고 예수 그리스도 안에 있는 하나님의 은혜이기에 소중하다는 사실을 파악한 자들에게는 복이 있다고 말한다. 예수 그리스도를 따르며, 은혜로 자신을 극복하고, 겸손히 그리스도의 은혜를 찬양하는 자들에게는 복이 있다. 진정한 은혜를 인식하고, 세상에서 이 인식을 지켜 행하고, 예수 그리스도를 따름으로 하나님의 나라를 확증하여 세상에서 자유한 삶을 사는 이들에게 복이 있다. 은혜를 귀중한 것으로 알고 예수 그리스도를 따름이 은혜의 힘에 의한 생활이므로, 은혜를 따라가는 것임을 아는 자들에게 복이 있다. 이들은 그리스도를 따름으로써 값비싼 은혜를 받음에 답하는 삶을 사는 복을 누리는 자들이다.[20]

본회퍼의 의인과 성화 이해

종교개혁자들에게서와 같이 본회퍼에게서도 의인과 성화는 같은 기원을 갖는다. 이 둘은 불가분하게 연결되어 있으나, 동일한 것은 아니다. 의인은 하나님의 과거 구원의 행동을 내 것으로 받는 수단이고, 성화는 현재와 미래에서 하나님의 행동의 약속을 소유하는 수단이다. 의인은 그리스도의 죽음의 사건을 통해서 그리스도와의 교제와 사귐 속에 들어가는 것의 보증이요, 성화는 그리스도 안에서의 교제를 계속하게 되는 것이다.[21] 의인은 본래 인간과 하나님의 올바른 관계를 중시하고, 성화는 그리스도가 다시 오실 때까지 그리스도인으로서 이 세상에 존재하는 것이다. 의인은 우리를 죄 된 과거로부터 떠나게 하고, 성화는 그리스도 안에 있게 하고 믿음으로 보존되게 하며 사랑으로 자라나게 한다. 의인과 성화의 관계는 창조와 보존의 관계에 비할 수 있다. 의인은 새로운 인간으로의 재창조이고, 성화는 예수 그리스도의 날까지의 견딤이다.[22]

성화는 "내가 거룩한 것처럼 너희도 거룩하라."고 말씀하신 하나님의 뜻을 이 땅 위에서 이루는 것이다. 하나님의 뜻을 이루시는 분은 성령이시다. 성령을 통하여 인간에 대한 하나님의 뜻이 완성된다. 성령은 구원의 날이 오기까지 성도들을 위한 하나님의 보증이 되신다. 성도들은 이전에는 율법에 갇혀 있었으나(갈 3:23), 이제는 그리스도 안에서 하나님의 보증이신 성령에 의하여 보호되고 있다. 어느 누구도 이 봉인을 뗄 수는 없다. 봉한 분도 열쇠를 가진 분도 하나님이시기 때문이다. 성령은 하나님께서 그리스도로 인하여 얻은 소유를 완전히 장악하고 있으시다는 증거이다.[23] 성령 안에서 인간은 하나님의 소유가 된 것이다.

부술 수 없는 방패로 세상에 맞서고 있는 성도들의 교회는 최후의 구원을 기다리고 있다. 교회는 세상을 위하여 나아가는 방주와 같다. 노아의 방주가 홍수에 대비하여 안과 밖을 역청으로 칠하여 봉인했듯이(창 6:14), 봉인된 교회가 나아갈 길도 봉인된 방주가 홍수 속에서 나아간 길에 비교할 수 있다. 봉인한 목적은 그리스도의 재림까지 죄의 구속, 구원 그리고 행복을 지키는 데 있다(엡 4:30; 살전 5:23; 벧전 1:5). 봉인된 자들로 하여금 완전케 하는 보증은 성령 자신이다.[24]

본회퍼에 따르면, 공동체의 성화는 거룩하지 못한 자들을 죄로부터 가려내는 것이다. 성화는 교회가 봉인되어 있으면서 하나님의 택한 소유가 되고, 하나님의 지상의 거처와 온 세상에 대한 심판과 속죄의 출처가 되는 것을 뜻한다. 성화는 그리스도의 재림을 지향하여 철저하게 심판을 받고 보호되어, 그리스도의 재림을 향하여 나아가는 과정이기도 하다. 성화는 교회의 가시성의 영역을 보여준다. 교회의 외모는 성화의 결정적 표지이다. 교회와 세상 공간의 경계는 성화에서 교회의 위치를 보여준다. 성령은 세상으로부터 교회를 구별하여 봉인하는 보증이 된다.[25] 이 보증의 힘으로 교회는 온 세상을 향한 하나님의 요구를 관철하고, 동시에 세상과 구분되는 선을 그어야 한다.

교회는 하나님께서 지상에 세운 '산 위의 성'이요, 봉인한 그의 소유이기 때문에, 교회의 성화는 정치적인 성격을 갖게 된다. 교회의 '정치 윤리'는 그 근거를 성화에 둠으로써 세상으로부터 구별된다. 하나님의 말씀은 교회로부터 온 세상에 퍼져서, 땅과 그 안에 있는 만물이 주님의 것임을 알게 한다. 이것이 교회의 '정치성'의 내용이다.[26] 세상에 대한 교회의 가시적 한계를 담아내지 못한 개인의 성화는, 종교적인 경건을 추구하려는 육적인 욕망에 의하여, 그리스도의 죽음에 의해서 작동하게 된 교회의 성화의 방향을 바꾸어놓게 된다. 만일 그렇다면 그것은 이미 성화가 아니다. 오히려 교회의 가시성 밖에서 거룩해 보이려는 옛 사람의 사기적인 오만이요, 그릇된 정신적 과시벽이라고 하겠다. 이러한 행위는 의롭다 함을 받은 죄인들의 가시적인 공동생활, 즉 그리스도의 몸을 멸시하는 것이다. 그리스도가 원하는 것은 십자가의 길을 따르는 것이다. 공동체의 형제자매를 무시하고 나 홀로 거룩하게 되려는 것은 공동생활에 대한 멸시를 드러내는 것이기도 하다. 그리고 가시적인 교회의 죄 된 모습을 외면하고, 개인으로서 거룩하려는 것임으로, 죄인에 대한 멸시도 된다.

본회퍼는 성령의 보증에 의한 성화는 언제나 교회를 투쟁으로 이끈다고 강조한다. 이것은 결국 밖에서도 안에서도 뜯지 못하는 봉인을 얻으려는 싸움이다. 그리스도의 몸을 위하여 지상에 자리를 얻고자 하는 교회의 싸움이 성화이다. 세상에서 교회를, 교회에서 세상을 가려내는 것은 이 땅 위에 하나님의 거룩함을 실현하기 위한 교회의 거룩한 싸움이다.[27] 교회를 위한 성도의 성화는 세 가지 뜻을 갖고 있다. 먼저, 세상에서 명확히 분리하는 작업이다. 다음으로, 하나님의 성전으로서 합당한 생활을 하는 것이다. 마지막으로, 예수 그리스도의 날을 기다리는 것이다.[28]

세상에서 구별됨으로써 세상의 일부인 교회는 하나님의 거룩하심을 살게 된다. 그러므로 성도들에게는 모든 일에 있어서 하나님의 부르심과 복음에 합당하게 행동하자는 권고가 필요하다. 교회의 성화는 복음에 합당한 생활에 의해서 유지되고, 말씀의 규범에 따라서 영적인 열매를 맺는다. 교회는 성화를 위해서 모든 일에 있어서 한 분이신 그리스도를 따르며, 그리스도의 재림의 날을 고대한다. 성화의 목표는 그리스도의 날까지 견디는 것이다.

본회퍼는 은혜를 받은 자는 의롭다 함을 받고, 의롭다 함을 받은 자는 거룩함을 받고, 거룩함을 받은 자는 심판 때에 구원을 받는다고 설명한다. 우리의 믿음이 우리의 의요, 거룩함이 될 수 없다. 그리스도께서 우리를 의롭게 하시고 거룩하게 하심은, 우리로 하여금 스스로를 자랑하지 않고 주님을 자랑하게 하려고 하시기 때문이다.[29]

2장

제자직의 성격

부름과 복종

그리스도의 제자가 된다는 것은, 첫째, 그리스도의 부름을 듣고, 생각하고, 해석하는 것이 아니라, 그리스도를 따라가는 것이다. 본회퍼가 제자직에 대해서 서술하려는 모든 내용의 전제는 복종이다. 부르심에 행동으로 답변하는 유일한 근거가 예수 그리스도에게 있다.[1] 그리스도의 제자가 되는 첫 걸음은 옛 상황으로부터 떠나는 것이다. 레위가 세관의 자리를 떠나고, 베드로가 그물을 버리고 그리스도를 따랐듯이 그리스도를 따르는 것은 옛 상태 그대로 있으면서 종교적 경험을 즐기는 것이 아니다. 그것은 예수의 말씀을 따라나서는 것이다. 복종은 그리스도의 제자가 되는 우선적인 조건이다. 그렇지만 복종이 행실에 의한 구원을 의미하는 것은 결코 아니다. 복종은 우리를 하나님 앞에 세우지 못한다. 행동 그 자체가 사람을 그리스도에게 인도하는 것은 아니다. 만일 옛 상황을 떠나는 첫 행동을 신앙과 은혜의 필수 조건으로 간주한다든가, 믿음을 가능하게 하는 전제 조건으로 이해한다면, 믿음의 가능성까지도 인간의 공적 이외에 다른 것이 아니게 된다. '나를 따라오라' 는 예수의 부름은 오직 예수 그리스도와의 인격적인 결합을 뜻하며, 동시에 모든 법칙과의 단절을 뜻한다. 그러나 부름은 은혜로 인한 은혜로운 계명이다. 부름은 율법과 복음의 갈등 너머에 놓여 있는 것이다.

그리스도는 따르라 하였고, 제자들은 그를 따랐다. 부름과 복종을 통해서 은혜와 계명이 통일을 이루게 된다. 따름으로써 그리스도와 관계를 맺게 된다. 그리스도인이기 때문에 그와 관계를 맺는 것은 따름을 뜻한다. 그리스도의 관념적 파악, 은혜와 죄 사함의 체계와 그에 대한 일반 종교적 인식은 따름을 요구하지 않을뿐더러, 오히려 따름을 등한시해왔다. 관념적인 신앙은 이성적인 인식 또는 감정적인 느낌을 요구할 뿐, 인격적인 복종과 따름은 불필요한 것이다. 기독교는 살아 계신 그리스도에 대한 복종을 요청한다. 복종이 없는 기독교는 예수 그리스도 없는 기독교로 전락하게 된다.[2]

본회퍼에 따르면, 복종이 없는 기독교는 관념 아니면 신화이다. 성부만을 알고 살아 계신 성자를 모르는 기독교는 복종을 상실했기 때문이다. 이런 기독교에는 하나님에 대한 신뢰는 있을 수 있으나 복종은 있을 수 없다. 사람이 되신 중보자는 오직 하나님의 아들뿐이기 때문에 복종은 예수 그리스도와의 옳은 관계라 하겠다.[3] 복종에 의해서 예수 그리스도와 올바른 관계를 맺게 된다. 복종은 중보자와 올바른 관계를 맺는 것이므로, 복종을 올바로 전하는 곳에서 예수 그리스도 또한 올바로 이해될 수 있다. 성육신하신 중보자 하나님만이 따라오라고 부를 수 있다. 이와 같이 믿음과 복종은 서로 분리될 수가 없다. 믿음이 고립해 있으면 싸구려 은혜의 위험이 있고, 복종이 고립해 있으면 행실을 통한 구원의 위협이 있다. 그러므로 본회퍼는 "복종하는 자만이 믿을 수 있고 믿는 자만이 복종한다."고 말한다.[4]

둘째, 그리스도의 제자가 된다는 것은 그리스도의 고난과 거부와 십자가의 죽음을 같이 나누는 것이다. "누구든지 나를 따라오려거든 자기를 부인하고 자기 십자가를 지고 나를 따를 것이니라."(막 8:34)는 말씀에 따르는 것이다. 본회퍼에게 자기 부정은 일련의 고행이나 금욕주의의 고립된 행동을 가리키는 것이 아니다. 십자가를 지는 것은 그리스도의 고난을 마지막까지 완전히 나누는 것을 의미한다. 십자가는 그리스도와 함께 당하는 고난이요. 그리스도 자신의 고난이라 하겠다. 따라나섬은 그리스도와의 결합을 가능하게 하고 이 결합은 십자가의 생활을 가능하게 한다.[5] 본회퍼에 따르면, 그리스도의 부름과 세례는 그리스도인을 날마다 죄와 악마에 항거하는 싸움에 참여하게 한다. 육신과 세상의 유혹이 날마다 예수 그리스도의 수난을 새롭게 하며, 이 싸움에서 얻은 상처와 흔적은 예수와 함께 십자가를 지고 있다는 산 표적이다.[6] 그리스도인의 고난은 괴로운 것이 아니다. 오히려 진정한 은혜요 기쁨이다. 우리는 예수 그리스도의 고난에 참여하는

고난으로 고난을 극복하고 하나님과 같이 있는 은혜를 선사받을 것이다.[7]

하나님은 참으시는 하나님이시다. 하나님의 아들은 우리의 육신을 입고 참으셨다. 그는 십자가와 우리의 죄를 참음으로 속죄를 마련하였다. 제자는 참고 짐을 지는 소명을 받은 자이다. 그리스도인의 실존은 짐을 지고 참는 데 있다. 그리스도가 참음으로 아버지와 함께 있는 것처럼 제자의 참음은 그리스도와 같이 있는 것을 뜻한다. 십자가의 생활은 불행과 절망이 아니고 영혼을 성실하게 하는 안식이요 기쁨이다.[8]

셋째, 그리스도의 제자가 되는 것은 삶의 직접성으로부터 완전한 결별을 요구한다(눅 14:26). 본회퍼에 있어서 이 결별은 철저하다. 그리스도의 부름은 우리를 철저한 개인으로 만들고 그리스도와 얼굴과 얼굴을 마주 대하게 한다. 그리스도와 우리 사이에는 아무것도 끼어들 수가 없다. 이것이 "누구든지 내게 오는 사람은 자기 아버지나 어머니나 아내나 자식이나 형제나 자기를 버려야 한다."는 주님의 명령에서 본회퍼가 이해하는 것이다. 우리의 부모 형제자매 처자의 관계에 있어서, 결혼한 사람들의 사랑에 있어서, 공동체에 대한 우리의 의무에 있어서 우리의 관계는 직접적이 아니라 그리스도가 그 사이에서 있다. 우리는 그리스도를 통하지 않고서는 우리 자신 밖에서 직접적 접촉을 세울 수 없다.[9]

예수를 따라가는 삶

본회퍼는 마태복음의 산상설교에서 제자직의 특성을 '비범성'과 '숨은 것'으로 종합한다. 본회퍼에 따르면, '비범성'은 5장, '숨은 것'은 6장에 내포되어 있다. '비범성'의 본질에 있어서 그리스도인을 다른 사람으로부터 구별하게 하는 것은 '자명한 것'이 아니고, '특수한 것'이다. 그는 '비범성'의 본질을 산상설교의 팔복에 대한 말씀(마 5:3-12)에서 드러난다.[10]

본회퍼는 팔복에 속한 자들의 삶은 골고다의 십자가를 가리킨다고 한다. 제자들은 십자가와 하나가 된 삶을 사는 사람들이다. 제자직은 드러나 보이는 복종(마 5:13-15)이다.[11] 제자직은 행동을 통해서 드러난다. 어둠 속의 빛과 같이, 평지 속에서 우뚝 솟은 산과 같이, 그리스도를 따라가는 것을 세상에 나타나게 한다. 본회퍼는 그리스도인의 삶의 보이는 면을 이처럼 강조한다. 제자직은 그리스도의 의를 실천하는 것이다(마 5:17-20). 예수 그리스도는 제자들의 의가 되신다. 그렇기 때문에 제자들의 의는 개인적 성취일 수는 없는 것이다. 제자들의 의는 언제나 은사이며, 드러나 보이는 의이다. 결국 그리스도의 의를 실천하는 것은 그를 따라가는 것이다.[12]

예수의 제자가 되는 것에 살인이 금지되어 있고, 이웃과의 화해가 요구된다(마 5:20-21). '살인'은 물론 문제이지만, 본회퍼에게는 삶, 생명에 관한 분노, 모욕, 멸시, 미워하는 것, 심판이 포함된 인권에 대한 함축성 있는 의미를 가진다. 예수를 따라가고 하나님을 예비하는 길은 형제와의 화해 속에 있는 것이다.[13] 예수를 따르는 자에게 욕망의 의지는 허락될 수 없다(마 5:27-32). 그리스도인의 결혼은 훈련과 자기 부정으로 표시된다. 그리스도의 결혼의 주가 된다.[14] 그리스도의 제자가 되는 자에게는 맹서가 금지된다(마 5:33-37). 맹서는 악에서 오기 때문이다. 그의 말의 신빙성은 제자직의 요구이다.[15] 제자가 된다는 것은 비폭력과 그리스도의 고난에의 참여가 요구된다(마 5:38-42).

그리스도의 제자가 되기 위한 요구에서 본회퍼가 가장 주목하는 것이 '폭력' 사용의 거부라고 하겠다. 본회퍼는 철저한 '비폭력주의자'이다.[16] 제자가 되는 것은 원수를 사랑하는 것이다(마 5:43-48). 본회퍼는 그리스도인의 사랑을 애국주의, 친구에 대한 성실함과 근면성 등으로 희석시키는 것을 프로테스탄트 윤리의 치명적인 오류라고 판단했다. 그것은 하나님의 의를 '세상적인 정의'의 차원으로 타락시킨 것이다.

본회퍼에게 '비범성'은 그리스도인의 삶을 보증하는 것이며, 비범성의 본질은 팔복의 삶이다. 그것은 세상을 비추는 빛, 산 위에 세운 성, 자기 부정과 완전한 사랑, 절대적 순결, 진실성, 온유의 길이다. 본회퍼는 이 모든 것이 '원수 사랑,' 즉 종교적·정치적·인간적 원수들에 대한 무조건적인 사랑에서 종합된다고 여긴다. 이 사랑이 바로 그리스도께서 십자가에서 성취하신 사랑이며, 그럼으로써 그리스도의 고난은 악의 권세들에 대한 하나님의 사랑의 승리가 된다. 예수의 부르심을 받음으로써, 제자들은 십자가에 참여하게 되었다. '십자가에 죽은 자의 사랑' 속에 담겨 있는 고난은 그리스도인의 삶의 '비범성'을 가장 잘 표현해주는 것이다.[17]

본회퍼에게 '숨은 것'은 세상으로부터의 분리, 세상의 표준의 초월은 사람들이 모험하지 아니하면 안 되는 불가결의 과제이다. 그리스도인의 복종은 비범하고 가시적이나, 동시에 복종은 숨은 성격을 띠고 있다. 본회퍼의 제자직의 특징은 '비범성(가시성)'과 '숨은 것'의 양면을 동시에 강하게 강조한 역설인 데 있다. 우리의 활동은 보이지 않으면 안 되나 물론 그것은 보이기 위해서 하는 것이면 안 된다. "사람에게 보이려고 의를 행하지 않도록 주의하라."와 "너희는 숨기도록 주의하라."는 구절, 즉 마태복음 5장과 6장 사이에는 예리한 대조가 있다. 보이는 것은 또한 감추어 있지 않으면 안 된다.

우리는 우리 자신의 의에 관심을 갖지 않도록 주의하지 않으면 안 된다. 그렇지 못하면 우리가 성취하는 '비범성'은 그리스도를 따라가는 데서 오는 것이 아니고, 우리 자신의 뜻과 바람에서 나오는 것일 터이다.[18] 어떻게 이 역설을 해결할 것인가? 본회퍼는 성서로부터 세 가지 길을 지적한다.

첫째, 우리는 우리의 제자직의 가시성을 다른 사람들로부터가 아니고 우리 자신으로부터 숨겨야 하는 것이다. 우리의 빛을 사람들로 보게 해야 하기 때문에 그것을 다른 사람들로부터 가리는 것이 아니다. 우리의 과제는 단순히 앞서가시는 그리스도(인도자)만을 따라가고, 그만을 바라보고, 우리 자신이나 우리가 하고 있는 것에 대해서 주의를 기울이지 않는 것이다. '비범성'은 그 자체에 중요성이 있는 것이 아니라 복종의 열매이다.[19]

둘째, '그리스도의 십자가'이다. 십자가는 비범하고 동시에 보이며, 숨어 있고 동시에 보이지 않는다. 비범한 것, 볼 수 있는 것은 다름 아닌 제자들이 그 아래 서 있는 그리스도의 십자가이다. 그러므로 십자가는 당연한 것인 동시에 숨은 것이요, 볼 수 있는 것인 동시에 비범한 것이다.[20]

셋째, 5장과 6장 사이의 모순은 제자직을 수행하는 삶 속에서 해결되는 것이다. 그리스도를 따름은 곧 그리스도와 결합함을 의미한다. 그러므로 따르는 자는 언제나 그의 주님만을 바라보고 그를 따른다. 나타남은 숨은 것과 일치한다. 숨은 것이면서 공개되지 않은 것은 없다. 모든 숨은 것이 하나님 앞에서는 이미 숨은 것이 있을 수 없으므로 숨은 것은 그분에 의해서 공개될 것이다. 하나님이 우리에게 숨은 것을 보이고 볼 수 있게 할 것이다. 이렇게 공개되면 숨은 것은 하나님의 작정하신 숨은 상이 된다.

어느 누가 마태복음 5장과 6장을 결합하는 삶을 살 수가 있는 것인가? 여기에 대하여 본회퍼는 바울의 말을 기억한다. 다만 그리스도를 통해서 옛 인간이 죽고 그리스도를 따라가고, 그와 교제를 가짐으로써 새로운 삶이 주어진 사람이 가능하다.[21] 그 이유는 하나님 아버지를 아는 예수에서 그들에게 기도하는 것을 가르친 때문이다. 다시 말하면 하나님이 들어주신다는 약속은 그가 그들에게 했기 때문이다. 또 그들은 예수의 공동체를 따라 살고 있으므로 기도가 그들에게 가능한 것이다. 따름으로 예수만 의지하는 사람은 그를 통해서 아버지에게 이르는 길을 얻을 것이다. 오직 예수 그리스도를 통하여야만 기도에서 아버지를 부를 수 있는 것이다. 그러므로 그리스도는 우리 기도의 유일한 중보자이기도 한 것이다. 그의 가르치심에 따라 우리는 기도할 수 있는 것이다. 우리 기도는 그렇게 때문에 언제나 그의 말씀에 매인 기도이다. 기도는 철두철미 숨은 것으로 여하한 경우에도 그것이 공개적일 수 없다.[22]

경건한 삶은 숨은 삶이다. 본회퍼는 자기 억제의 엄격한 훈련을 강조한다. 금식하는 경건한 습관이 강조된다. 금식은 주님을 섬기는 데 있어서 방종하고 태만하고 싶어 하는 의지를 훈련하는 데 도움을 준다.[23] 그것은 육을 겸손하게 하고 억누르는 데 도움을 준다. 여기서 본회퍼는 그리스도를 따라가려는 자들에게 엄격한 날마다의 훈련을 강조한다. 그것은 규칙적인 날마다의 기도, 날마다의 하나님의 말씀의 묵상과 모든 종류의 몸의 훈련과 금욕을 포함한다.[24] 본회퍼는 금욕을 '자발적 수난' 의 의미로 해석한다. 그것은 수동적이 아니고 적극적으로 수난을 겪는 것이다.

본회퍼는 금욕의 동기에 더 비중을 둔다. 금욕주의는 우리에게 더 좋은 봉사와 보다 깊은 겸손을 준비해준다. 그러나 그것이 그리스도의 고난에 기초하고 있을 때에만 그것을 할 수 있다. 만일 그렇지 못한다고 하면 그것은 그리스도 자신의 고난의 서투른 모방으로 타락한다. 이러한 제한과 기초 위에서 본회퍼는 '금욕주의는 구원의 길' 이라고 말할 수 있다고 한다. 본회퍼는 산상수훈의 이해와 해석에는 무수한 가능성이 들어 있다고 여긴다. 그러나 예수는 그중에서 단 하나의 가능성만을 지시하였는데, 단순히 복종하는 일이다. 복종에 대하여 설명하거나 응용하려 하지 말고, 오직 복종을 실천하는 것이다. 판

단의 권한은 예수 그리스도께서 갖고 계시며, 제자들은 다만 그의 말
씀에 따르면 되는 것이다.[25]

3장

제자의 길

그리스도의 몸인 '교회'에의 참여

예수 그리스도께서 제자들을 처음 부르실 때, 말씀으로 부르셨다. 그리스도는 몸의 형태로 제자들에게 나타나셨고, 죽으시고, 부활하시고, 승천하셨다.

그리스도의 부름이 오늘의 그리스도인에게 어떻게 전달되는가? 그리스도는 오늘도 말씀으로써 우리와 함께하신다. 그는 성서의 증언을 통해서 우리에게 말씀하신다.[1] 교회의 설교와 성만찬은 그리스도가 현존하는 장소이다. '나를 따르라'는 예수의 부름을 듣기 위해서 개인적인 계시를 고대할 필요는 없다. 설교를 듣고, 성찬을 받으라. 십자가에 못 박히고 부활한 분의 복음을 듣는 자리에 그리스도가 함께

하신다.[2] 제자들을 만났던 같은 그리스도, 전체의 그리고 완전한 그리스도, 영광스럽게 되고, 승리하신 살아 계시는 주께서 여기에 임재하신다.[3] 예수를 그리스도로 인정하는 문제는 처음 제자들에게나 오늘 우리에게나 마찬가지이다. 그리스도의 인정은 신앙뿐이다. 그들은 그의 행동을 직접 보고 그리스도를 만났고, 우리는 말씀을 듣고 그리스도를 믿는다.[4] 그리스도의 제자들은 예수의 몸의 현재와 사귐 속에서 살았다. 오늘 우리에게는 어떤 방식으로 그 사귐이 가능한가? 제자들은 그리스도의 몸 안에서 사귐의 교제를 가졌다. 오늘날 우리는 어떻게 그리스도의 몸에 참여하게 되는가? 그의 몸의 두 성례전을 통해서이다. 즉 세례와 성찬이다. 세례를 받는 것은 교회의 한 회원이 되는 것이고, 그리스도의 몸의 한 가지가 되는 것이다.[5]

세례는 인간이 제공한 것이 아니라 예수 그리스도의 근거는 홀로 은혜에 부르는 예수 그리스도의 뜻에 있다. 세례는 수세를 뜻하는 것이며, 그리스도의 부름을 받아들이는 행동이다. 즉 인간이 그리스도의 소유가 되는 것이다. 예수 그리스도의 이름으로 세례를 받는 것이니 세례를 받음으로 인간은 예수 그리스도의 이름에 참여하고 예수 그리스도 안에 들어서는 것이다. 이제 그는 예수 그리스도의 소유가 된 것이다. 세상 세력에서 나와 그리스도의 개인 소유가 된 것이다. 그리스도는 사탄의 지배 영역을 뚫고 들어가 자기 사람을 찾아내며 자신의 교회를 만든다. 이것으로 지나간 것과 오는 것이 서로 나뉜다. 옛 것이 지나가고 모두 새것이 되었다. 본회퍼는 그리스도 안에 있는 것을 교회 안에 있는 것으로 본다. 우리가 교회 안에 있으면 우리는

진정 몸으로 그리스도 안에 있다. 승천 이후 그리스도는 교회에서 땅 위의 자리를 가졌다.[6]

교회란 무엇인가? 본회퍼는 땅 위에 있는 그리스도의 몸에서 바울의 교회관의 특징을 본다. 그리고 특히 교회의 공간성을 강조한다. 교회는 제도가 아니고 그리스도의 인격이다. 교회는 인간들 중에 거하는 은혜로운 하나님의 현존이며 거소이다. 동시에 하나님이 교회를 영접하는 장소이기도 하다. 이 둘은 오직 예수 그리스도의 사람됨에서만 실제성을 가지게 된다. 여기서 하나님의 현존은 실제적이며 몸을 구비하고 있다. 그러므로 그리스도의 몸인 교회는 하나님과 인간의 화해와 평화의 장소이다. 하나님은 그리스도의 몸에서 인간을 발견하고, 인간은 그리스도의 몸에서 하나님 앞에 용납된 자기를 알게 된다. 그리스도의 몸은 영적 성전이며 살아 있는 돌들로 지은 것이다.

성전의 토대와 주춧돌은 그리스도이시다. 성전은 성령이 거하는 곳이고 신자의 소망이 이루어지고 마음이 성결하여지는 곳이다. 하나님의 성전은 예수 그리스도 안에 있는 거룩한 교회요, 그리스도의 몸은 하나님과 새사람의 성전이다. 그리스도의 교회는 그 선포를 위해서 세상 안에서 공간을 요구하고 말씀과 성례전을 중심으로 모인 회중에서 세상에 대하여 보이게 된다.[7] 교회는 그의 예배의식과 질서를 위해서 공간을 필요로 하는 것만이 아니라, 세상에서 교회 지체들의 날마다의 삶을 위해서도 공간을 필요로 한다. 예수와 제자들과의 교제가 날마다의 삶의 영역을 포함했던 것처럼, 오늘날에도 우리가 어디에 있든 무엇을 하든 모든 것은 교회 안에서 일어난다.[8]

본회퍼는 예수의 제자가 되려는 자에게 산상설교의 가르침에서 비범성과 세상과의 다른 면이 요구되었던 것처럼, 그리스도의 몸인 교회에의 참여에도 비범성을 지녀야 한다고 강조한다. 인간이 그리스도 안에서 세례를 받았을 때 그의 개인의 상태가 변화된 것만이 아니고 또한 날마다의 삶의 관계도 바뀐다. 그리스도인은 교회와 예배와 훈련에 참여함으로만이 아니고, 또한 사랑의 삶의 새로운 교제를 통해서, 세상에 대해서 자신의 부름 받음의 가시적인 증거를 주어야 한다.

교회는 지체로 이루어진 몸이다. 그리스도의 몸으로써 교회는 조직과 질서를 내포하고 있다. 질서는 몸에 있다. 유기체가 아닌 몸은 파멸할 것이다. 그리스도의 살아 있는 몸의 형태는 바울의 가르침에 의하면 유기적이다. 내용과 형식, 본체와 현상의 구별은 여기에는 불가능하다.

그리스도의 몸은 선교의 장소임과 동시에 교회 질서의 장소가 되기를 요구한다. 교회의 질서는 신적 근원과 본질을 가지고 있다. 교회의 직책을 맡은 자들은 봉사하는 자들이다. 삼위일체 하나님이 직책을 주었고 그들이 스스로 택한 것이 아니다. 직책과 교회에 대한 근원은 삼위일체이신 하나님이 가지고 있다.[9] 하나님 아들의 육체적 현존은 그를 위하여, 그와 함께 일상 생활권 속으로 진출할 것을 요구한다.[10]

본회퍼에 따르면, 교회는 세상 생활 속에 침투하고 그리스도를 위하여 장소를 점령한다. 그리스도의 몸에 속한 자는 세상에서 해방된 자이며 부름을 받은 자다. 공동 예배나 교회 질서를 통할 뿐 아니라, 형제의 새 공동체 생활을 통하여 세상에 드러나 보여야 한다.[11] 그리스도인은 세상에 머물러 세상을 전면에서 공격해야 한다. 이 세상에서 살면서, 자신이 본질적으로 속해 있는 다른 세상(하나님의 나라)성을 드러내야 한다. 이 일은 교회의 가시적 지체가 됨으로써 가능하다.[12]

세상 속에서의 교회(나그네 삶)

그리스도인은 세상에서 다른 사람들과 함께 살아간다. 결혼하고, 울고 웃으며, 필요한 것을 구입하고, 날마다 목적을 이루기 위해서 일한다. 그러나 그리스도인은 이 모든 일을 그리스도를 통해서, 그리스도 안에서, 그리고 그리스도를 위해서 행하고자 한다. 그럼으로써 그리스도인은 세상적인 소유에 마음을 빼앗기지 않고, 내적인 자유를 누리게 된다. 세상에서 도피하지 않고 세상 안에서 생활하게 된다. 본회퍼는 이러한 그리스도인의 삶에서 그리스도인의 공동체적 삶과 이 세상적인 삶의 궤적이 함께 나타난다고 한다.[13] 그리스도인은 이 땅에서 '나그네의 삶'을 산다. 본회퍼가 '나그네의 삶'에 대해 서술하는 부분은 그리스도의 제자로서 살아야 하는 그리스도인의 삶의 모습을 가장 아름답게 묘사하고 있다. 그 내용은 『옥중서간』에서 제시하는 삶의 모습과는 구별되는 강력한 세속화의 모형이 된다.[14]

그리스도의 교회는 이 세상에 존재하면서 전심을 다해 "이 세상 것은 지나가고"(고전 7:31), "때는 급하고"(고전 7:23), "주님의 오심이 가까웠다."(빌 4:5)고 증거한다. 이 말씀의 증거가 교회의 가장 큰 기쁨이 된다(빌 4:4). 그리스도인은 이 세상에서 육을 입고 살면서 다시 오실 그리스도를 기다리고 있다. 그들은 고향에서 멀리 떠나온 이방인으로서 이 땅의 체류권을 가지고, 이 땅의 법률을 지키며, 그의 집권자를 존중하고자 한다. 몸과 생활에 필요한 것을 감사함으로 벌어서 쓰고, 매사에 정의롭고 진실되며, 남을 돕는 일에 적극적이다. 모든 사람들과 '특히 신앙의 동지들에게' 주님의 사랑을 행위로 보여준다. 고난을 참으며 기뻐하고 곤궁을 부끄러워하지 않는다. 타인의 지배하에 있다 하더라도 자기의 고유한 생활을 유지한다. 세상 권력을 맡은 이들을 위하여 기도하는데, 세상 권력은 단지 임시로 머무는 권력일 뿐이다. 그리스도인은 때가 오면 모든 관계를 끊고, 세상 친구도 친척도 모두 버리고, 오직 부르는 음성만을 따라나선다. 나그네 생활을 버리고 하늘 고향을 향하여 줄달음치는 것이다.

가난과 고난, 배고픔과 목마름, 그래도 온유하고 자비하며 화목하고, 세상이 그들을 핍박하며 욕하여도 세상의 보존은 오직 그들 때문이며 그들이 세상을 하나님의 진노에서 구해내는 것이다. 세상이 하나님의 참으심 아래 살도록 그리스도인이 고난을 참는 때문이다. 그리스도인은 세상의 손님이며 이방인이다(히 11:13; 벧전 2:1). 그리스도인이 궁극적으로 얻기 위해서 노력하는 것은 지상의 것이 아니다(골 3:3). 그의 참 생명이 아직 드러나지 않은 것은 아직 하나님 안에서 그리스도와 더불어 숨어 있기 때문이다. 여기에서 그리스도인은 마땅히 있어야 할 것에 대한 모순을 느끼게 된다. 오른손이 하는 일을 왼손이 모르게 하라는 말씀처럼, 보이는 교회는 자기 자신에 대해서 온전하게 알지 못한다. 다만 자신이 그리스도에게 속해 있음을 알고, 갈

망하는 참 생명이 주께 있음을 알 뿐이다. 그리스도께서 나타나실 때, 참 생명도 그와 함께 나타나며, 그럼으로써 그와 함께 영광 중에 거하게 될 것이다. 본회퍼는 이렇게 부름 받은 자들이 그리스도의 공동체로써 지상에 있는 그리스도의 몸인 교회이며, 그리스도의 제자라고 한다.

본회퍼는 이것이 부름을 받은 자들의 공동체요 교회이며, 지상에 있는 예수 그리스도의 몸이요 예수의 후예이며 제자들이라고 한다.[15]

예수 그리스도의 성도들

제자들의 교회인 그리스도의 에클레시아는 세상의 지배권을 벗어나 있다. 그러나 성도들의 사는 곳은 세상 한복판이다. 그리스도의 교회는 한 몸이 되어, 독자적 지배 영역과 공간을 차지하고 있다. 성도는 거룩한 교회요(엡 5:27), 교회는 성도들의 공동체(고전 14:34)이고, 부름 받은 거룩한 지체(롬 1:7)요, 예수 그리스도 안에서 거룩해졌으니(고전 1:2), 만세 전에 이미 택함을 받은 공동체이다(엡 1:4), 예수 그리스도께서 부른 목적과 만세 전에 이미 택한 목적은 거룩하여 책망할 것이 없게 하는 데 있다(엡 11:4). 그리스도는 자기 사람을 거룩하고 흠 없고 책망할 것이 없게 하여 자기 앞에 세우려고 자신의 몸을 죽음에 내어준 것이다. 전에는 불의를 섬기던 자들이 지금은 의의 종으로 성화의 대상이 된 것은 그리스도의 죽음에 따른 속죄의 열매라 하겠다.[16]

거룩한 분은 하나님 한 분이다. 죄 된 세상에서 완전히 떨어져 있을 때나 세상에 자신의 성전을 세울 때나 그는 한결같이 거룩한 분이다. 하나님은 자기 백성과 계약을 체결한 것이다. 하나님 자신이 자기 백성을 만들며 스스로 이 계약을 책임진다. "너희는 거룩하라. 나는 거룩하며 너의 주요, 하나님이다."(레 19:1). 그리고 "나는 거룩한 주, 너희를 거룩하게 하는 분이다."(레 21:8). 이것이 계약의 근거이다. 백성에게 선포되고 백성이 지켜야 할 의로운 모든 율법은 하나님과 교회의 신성을 전제하고 또 그것이 목적이다. 하나님이 거룩한 분으로 만물과 죄에서 구별되듯이 그의 거룩한 교회도 그러하다. 성도를 택한 분은 하나님이시기 때문이다. 그를 그분이 약속의 교회로 만든 것이다. 그들은 그분이 거룩하게 속죄하였으며 깨끗이 하였다. 거룩한 곳은 성전이며 성전은 또한 그리스도의 몸이다. 그러므로 그리스도의 몸인 거룩한 교회에 요구하는 그리스도의 뜻이 행동으로 교회에서 이루어지는 것이다.

세상과 죄에서 분리되어 하나님의 소유가 된 그리스도의 몸은 세상에 있는 하나님의 성전이요. 그 안에서 성령과 더불어 사는 하나님의 거처이다.[17] 죄인을 하나님은 어떻게 죄에서 완전히 떠난 성도들의 교회로 만들 수 있는가? 본회퍼에 따르면 하나님이 스스로 사람이 되어 그의 아들 예수 그리스도 안에 우리 자신을 받아들였으며 그의 몸에 우리의 몸을 담아 십자가의 죽음에 운반한 것이다. 하나님은 아들의 죽음을 통하여 자신의 의를 나타낸 것이다. 온 인류를 위한 죽음에, 분노의 심판인 십자가에 내어줌으로 그의 의를 증거한 것이었다. 그리스도의 죽음은 하나님의 의의 은혜를 증거로 보여준 곳이요, 그럼으로써 하나님의 의가 거하는 유일한 장소가 된 것이다. 그렇기에 이 죽음에 참여하는 자는 곧 하나님의 의에 참여하는 것이다. 예수 그리스도에게서 생긴 일은 모두 우리의 것도 되는 것이다. 그가 먼저 우리의 생명과 죽음에 참여하였음으로 우리도 지금 그의 생명과 죽음에 참여하는 것이다. 하나님의 의가 있는 곳, 즉 그의 십자가에서 살아야 한다. 우리는 아직 육신을 가지고 있기 때문이다.[18]

우리가 의롭다는 근거는 오직 하나님의 의에 있는바 "주께서 주의 말씀에 의롭다 함을 얻으시고 판단 받으실 때에 이기심이다."(롬 3:4). 우리의 불의를 이기신 하나님의 승리에서 문제되는 핵심은 하나님의 대내적 의와 하나님의 대외적 의라 하겠다. 하나님은 승리를 십자가에서 거두었다. 그러므로 십자가는 심판일 뿐 아니라 예수의 죽음에서 하나님이 홀로 의롭다는 것과 자신의 죄를 인식하는 모든 사람의 속죄도 된다.[19] 하나님의 의 자체가 속죄를 성취한 것이다. "그리스도 안에서 세상이 하나님과 화목하셨다."(고후 5:19).

화목하라는 말씀은 그리스도 자신의 말씀이다. 그는 하나님의 의로 우리에게 선사한 예수 그리스도의 죽음에서 자기 자신을 찾으라는 사도의 말에서 자신을 십자가에 달린 자로 우리에게 증거하시는 부활하신 분이다. 우리를 위한 그의 죽음으로서, 죄인인 우리는 그분 안에서 하나님의 의롭다 하심을 입었으니, 우리는 유일무이한 하나님의 의에 의하여 무죄 선고를 받고 죄에서 해방된 죄인이다. 하나님 앞에서 정죄를 받은 그리스도가 우리의 죄라면 그 안에서의 우리의 의는 우리 자신의 의가 아니다. 하나님의 의이니 죄인인 우리가 곧 그 자신의 의요 따라서 우리의 의가 곧 그의 의라는 말이다. 다시 말하면 홀로 의로운 분은 하나님 한 분이요, 우리는 그에게 영접을 받은 죄인이라는 것이다. 그리스도 자신이 하나님의 의이나 그리스도는 우리와 같이 있는 하나님 임마누엘이요 하나님은 우리의 의이시다.

우리를 위한 그리스도의 죽음에 대한 선교는 의인론적 선교라 하겠다. 그리스도의 몸, 즉 그의 죽음과 부활에의 참여는 먼저 세례에 의한다. 그리스도는 단 한 번 죽었다. 이와 같이 세례와 의인도 우리에게 단번에 베풀어진다. 확실히 말하면 그것은 반복되지 않는다. 세례 받은 자는 죄에서 죽고 예수 그리스도 안에서 하나님을 위하여 산다는 사실을 고집하라 하였다. 이 모든 것은 예수의 십자가에서뿐 아니라 너희에게도 일어난다는 것이다. 너희는 죄에서 떠났으며 죽고 의롭다 함을 받았다. 이것으로 하나님은 자신의 일을 완성하신 것이다. 자신의 의로 세상에 성전을 세웠는데 이 성전을 명하여 그리스도의 몸이라 하였다.

죄에서 해방은 예수 그리스도 안에서 죄인의 죽음으로 완수되었다. 하나님은 죄에서 의롭다 함을 받은 교회를 가지고 있다. 이것이 예수의 제자 교회요 성도의 모임이다.[20] 싱도들은 그의 성전에 받아들여졌으니 그들 자신이 그의 성전이 되었고 그의 거룩한 곳이 되었다. 그들은 세상에서 가려냄을 받은 자들이요 세상 한가운데 한 새로운 자리를 차지하고 있는 자들이다.

신약성서는 그리스도인을 '성도'라고 부르지만, '의인'이라는 칭호는 사용하지 않는다. '의인'은 모든 은사를 포괄하여 표현하는 개념이 아니다. '의인'은 세례와 같이 일회적 사건과 관련된 개념이다. 세례는 언제나 생생히 기억되고, 그 사건의 기억 속에서 그리스도인은 의롭다고 인정받은 죄인이 되는 것이다. 세례와 의롭다 인정받은 사건의 회상은 이 세상 끝 날까지 유지해야 하는 것인데, 그 회상을 유지하는 삶이 성화이다.

의인과 성화의 근거는 하나이다. 십자가에 달리신 그리스도(고전 1:2, 6:11). 의인과 성화의 내용도 역시 하나이다. 그리스도와 하나 됨. 의인과 성화는 풀 수 없도록 서로에게 연결되어 있다.[21] 공동체의 성화는 하나님이 거룩하지 못한 것을 죄에서 가려내는 일이다. 성화는 교회가 갇혀 있으면서 하나님의 택한 소유가 되고 하나님의 지상의 거처와 온 세상에 대한 심판과 속죄의 출처가 되는 것을 뜻한다. 또 성화는 그리스도의 재림을 지향하여 철두철미 심판을 받고 보호되어 그리스도의 재림을 향하여 마중 나가는 과정이기도 하다.[22] 본회퍼는 믿는 자는 의롭다 함을 받고, 의롭다 함을 받는 자는 성결함을 받고, 성결함을 받은 자는 심판 때 구원을 받을 것이라고 말한다. 우리의 신앙이 우리의 의와 성결 때문이 아니라, 예수 그리스도가 우리를 의롭고 성결하고 구원을 받게 만들어 자신을 자랑하지 않고 주님을 자랑하게 한 때문이다(고전 1:30).

그리스도를 따름

본회퍼는 예수 그리스도의 따르라는 부름을 좇아 그에 합당한 사람들이 받은 약속 중에서 그리스도를 닮아야 한다는 약속보다 더 큰 것은 없을 것이라고 한다. 하나님의 맏아들의 형제가 되어 그의 모습을 지니라는 것이다. 이것이 제자들이 이루어야 할 최후의 과제였다. 그리스도와 같이 되자는 것이다. 따르는 자가 언제나 눈앞에 가지고 있고, 그 앞에서는 다른 모든 형상들이 자취를 감추는, 예수 그리스도의 모습이 그들에게 침투되어 그들을 채우고 변화시켜 선생을 닮고 아니 선생과 같이 되게 한다. 예수 그리스도의 모습이 일상생활을 통하여 제자들의 모습에 아로새겨진다 하였다. 하나님의 아들의 모습은 제자들이 죽은 사람의 그것 같이 한가히 바라보며 구경할 수 있는 것이 아니다. 이 모습에서는 인간을 변화시키는 능력이 솟아나온다. 예수 그리스도에게 완전히 순종하는 자는 그의 모습을 지니고 있을 것이다. 그는 하나님의 아들이 될 것이며 같은 형상의 숨은 형제요 하나님의 형상인 그리스도와 나란히 서 있다.

하나님은 자신의 형상대로 아담을 만드셨다. 하나님은 첫 피조물인 아담에게서 볼 수 있는 자신의 형상을 만족케 하며 "보기에 심히 좋다." 하셨다. 아담에게서 자기 자신을 보신 것이다. 인간은 피조물이나 동시에 창조자와 같다는 사실은 태초 이래 풀 수 없는 인간의 비밀이다. 피조물인 인간이 창소자인 하나님의 모습을 지니고 있다는 말이다. 아담을 "하나님과 같다." 한 것이다. 그러므로 그는 피조물이기 때문에 오히려 하나님과 같다는 비밀을 감사와 순종으로 지니라는 것이다.[23] 하나님과 같이 되는 것은 먼 목표요 동시에 그것이 자신의 행동과 노력으로 비로소 이루어진다는 주장은 뱀의 속임수였다. 이때 아담은 은혜를 버리고 자신의 능력을 택했다. 피조물이며 동시에 하나님과 같다는 사탄의 본질적 비밀을 스스로 풀어보려고 하였던 것이다. 하나님이 이미 지으신 것을 부인하고 스스로 이루어보려고 했던 것이다. 이것이 바로 아담의 타락이다. 그 결과로 아담은 자기 멋대로 '하나님 같이' 된 것이다. 이렇게 자신을 하나님으로 받아들임으로써 아담에게는 하나님이 없어졌다. 그는 홀로 창조신이 됨으로 신 없는 무의미한 세계를 지배하게 된 것이다. 그러나 아담이 풀려던 수수께끼는 역시 풀지 못한 채 그대로 있다. 하나님께로부터 받은 하나님과 같은 자신의 본질을 인간은 상실하고 만 것이다.

하나님과 닮은 형상이라는 인간에 대한 본질적 정의 없이 인간은 살고 있다. 다시 말하면 사람은 아닌데 사람으로 살아야 한다는 것이다. 살 수 없으면서 살아야 한다. 이것이 우리 현실의 모순이며 모든 고난의 근원이다. 그 이래 아담의 오만한 후예들은 잃어버린 하나님의 모습을 자신의 힘으로 되찾으려고 노력하고 있다. 그러나 잃은 것을 다시 찾으려는 그들의 노력이 진지하여 희생이 크면 클수록, 노력의 결과가 그럴듯하여 자랑이 되면 될수록 하나님의 모순은 점점 더 깊어만 가고 있다. 스스로 생각해낸 하나님의 형상으로 빚어 만든 그들의 잘못된 모습은 부지중에 점점 사탄의 형상으로 화하고 있다. 반면에 창조자의 은혜인 하나님의 형상은 이 세상의 그들에게 없어져 가고 있다.[24]

그러나 하나님은 잃어버린 자신의 피조물을 아주 버리지 않으셨다. 다시 자신의 형상을 그들에게서 창조하시려는 것이다. 잃어버린 피조물을 찾는 방법은 오직 큰 자비로, 세상의 실상과 형상 그대로를 받아들이는 길이 있을 뿐이다. 그리하여 하나님이 결국 사람의 형상을 입어야 하였으니 인간이 하나님의 형상을 다시 찾을 수는 없었기 때문이다.[25]

인간은 하나님의 형상을 회복해야 한다. 하나님의 형상을 회복하되 부분적이 아니라 전체적으로 회복해야 한다. 인간은 하나님에 관한 옳은 생각을 다시 가져야 한다든가 하는 것이 아니라 전체적으로 산 피조물이 되어 하나님의 형상을 획득해야 한다는 것이다. 몸, 영, 혼이 지상에서 이미 하나님의 형상을 가져야 한다. 하나님께서 자신과 같은 완전한 모습을 원하시기 때문이다.[26]

형상은 생명의 근원에서 형성된다. 형상이 형상을 낳는 것이다. 만일 타락한 인간이 하나님의 형상을 다시 얻으려면 '변화, 변혁'(롬 12:2; 고후 3:18)이 있어야 한다. 타락한 인간은 하나님의 형상을 다시 찾지도 못하고 받아들이지도 못하게 되었기 때문에, 그에게는 오직 죽음에 이르는 길만 남아 있을 뿐이다. 하나님이 인간의 형상을 입고 이 세상에 온 이유가 여기에 있다.[27] 하나님의 형상으로 아버지 곁에 거하던 하나님의 아들이 자신의 형상을 벗어버리고 종의 모습으로 인간에게 온 것이다(빌 2:5). 인간에게서 일어날 수 없는 형상의 변화가 하나님에게서 일어난 것이다. 예수 그리스도를 통해서 새 생각과 새 뜻, 새 행동뿐 아니라, 새 형상과 새 형태가 생겨난 것이다. 예수 그리스도 안에서 하나님의 형상이 죄의 육신과 같은 형상을 입고 저주받은 우리 인간 생활을 몸소 체험하면서 우리 가운데 나타난 것이다. 교훈과 행동, 생명과 죽음에서 그의 모습은 뚜렷이 드러났다. 예수 그리

스도를 통해서 하나님은 자기 형상을 땅 위에 다시 창조한 것이다.[28]

예수 그리스도의 사람됨과 말씀, 행동 그리고 십자가의 죽음은 모두 이 형상에 속한 것이다. 이 땅에 오신 그리스도의 형상은 에덴 동산에서 하나님에 의해 지음 받은 아담의 형상과는 다른 모습이다. 죄와 사망의 세상에 오신 분의 모습이며, 육신의 곤고함을 스스로 맛보시고 죄인들에 대한 하나님의 진노와 심판을 겸손히 받았으며, 죽음과 수난으로 하나님의 뜻에 순종한 분의 모습이다.[29] 가난한 자리에서 태어나셨고, 세리와 죄인의 친구가 되시고 그들과 식탁을 함께하신 분이며, 하나님과 사람들에 의해서 십자가에 버림받고 외로이 홀로 남은 자의 모습이 바로 인간이 되신 하나님의 모습, 하나님의 새 형상인 인간의 모습이다. 수난의 표지인 십자가의 상흔은 부활하신 그리스도의 영광의 몸에서는 은혜의 표지가 되었다. 그리스도의 십자가상의 모습은 하늘에서 우리를 대신하여 하나님께 기도하는 영원한 대제사장의 영광 속에서 영원히 살아 있다.[30]

예수는 오순절 아침에 종의 모습에서 변하여 하늘의 형상을 입은 새 몸으로 부활하셨다. 하나님의 약속을 따라서 예수의 승리와 영광에 참여하려는 자는 누구나 먼저 십자가를 지고 순종함으로써 고난을 당한 하나님의 종의 모습과 같이 되어야 한다. 예수의 영광의 모습을 지니고자 하는 자는 세상에서 부끄러운 십자가의 형상을 져야 한다. 인간이 되어 십자가를 진 예수 그리스도의 모습을 닮지 않고는 잃어버린 하나님의 형상을 다시 찾을 수 없다. 하나님께서 오직 이 형상에 만족하시기 때문이다. 십자가의 그리스도를 닮은 모습으로 하나님 앞에 서려고 하는 자를 하나님께서는 기뻐하신다. 예수 그리스도의 형상과 같이 된다는 것은 그리스도를 본받는 어떤 이념을 실현하려는 의지의 결과일 수가 없는 것이다.[31] 우리가 우리의 형상을 만드는 것이 아니다. 그것은 하나님의 형상이요, 우리 인간의 모습으로 오신, 그리고 우리에게서 드러나게 되는 그리스도의 형상이다. 이 형상은 인간이 되어 십자가를 지심으로 영광의 몸으로 변화하신 분의 흠 없는 모습이며, 우리도 이와 같이 되리라고 하신 모습이다. 우리는 자신을 낮추신 그리스도의 형상에서 우리 자신의 모습을 다시 인식하게 된다. 그리스도의 성육에서 전 인류가 하나님의 형상이 지닌 품격을 다시 회복하게 되는 것이며, 인간이 되신 분과 함께 삶으로써 죄어서 벗어나 본래의 인간성을 회복하는 것이다. 이 생활에서 우리는 사사로운 죄를 벗어나 전 인간성을 되찾는 것이다. 성육하신 그리스도에 참여할 때 우리는 그가 지닌 전 인류에게 참여한다.[32]

우리는 성육하신 그리스도의 인간성에서 비로소 새로운 인간성을 발견하게 되며, 그럼으로써 다른 사람의 고난과 허물에 관심하게 된다. 인간이 되신 분이 자신의 제자로 하여금 모든 사람의 형제요 자매기 되게 하신다. 그리스노께서 성육하심으로써 '인간애' 가 계시되고, 땅 위의 모든 이들에 대한 그리스도인의 형제애가 이룩된 것이다. 성육하신 분의 형상은 교회로 하여금 그리스도의 몸이 되게 하며, 그 몸으로 온 인류의 죄와 곤궁을 담당하고 유지하게 한다. 이 땅에서 그리스도 형상은 십자가에 달려 죽은 모습이다. 그러므로 하나님의 형상은 십자가를 진 예수 그리스도의 모습니다. 그리스도의 제자는 바로

이 모습으로 변화되어야 한다.[33]

생명은 그리스도의 죽음과 같은 모습이요 십자가에 못 박힌 생명이다. 그리스도는 세례를 베풂으로 받아들인 자기 사람들의 생명을 자신의 죽음의 모습으로 조각한다. 육신과 죄에서 죽은 까닭에 그리스도인은 세상에 대하여 죽고 세상은 그리스도에 대하여 죽은 것이다. 세례에서 산 자는 죽음에서 산다고 하겠다. 육신에 대항하는 정신의 싸움에서 날마다 죽는 죽음으로 악마가 그리스도인을 후려치는 죽음의 쓰라림과 날마다 당하는 고난으로 그리스도는 자기 사람의 생명에 낙인을 찍고 있다. 이것은 곧 예수 그리스도 자신의 고난이며 또 모든 그의 제자들이 세상에서 당해야 할 고난인 것이다.

본회퍼에 따르면, 이렇게 사람이 되시고 십자가를 지신 분의 공동체에서 살며 그의 형상을 이룬 자는 영광 중에 부활하신 분과도 같이 될 것이다. 십자가를 지신 분의 형상 같이 부활하신 분의 모습도 그를 바라보는 자들을 변화시키리라. 그리스도를 바라보는 자는 그의 모습을 닮은 것이며, 그의 형상과 같이 형성된 것이다. 그는 하나님의 형상의 거울이다.[34] 인간이 되어 십자가를 지셨으며 영화로운 몸이 되신 분이 내 안에 들어오셔서 나의 삶을 대신 사시는 것이다. 인간이 되시어 십자가를 지고 영화로운 몸으로 변화한 그리스도는 또 각 사람에게 자신의 형상을 이루고자 하니 그들이 자신의 몸인 교회의 지체이기 때문이다.

교회는 예수 그리스도의 인간성과 죽음, 부활의 모습을 지니고 있다. 이 부활의 모습은 먼저 그와 같은 형상이요. 그 다음에 그를 통하여 모든 지체의 것이 된다. 그리스도의 몸에서 우리는 '그리스도와 같이' 된 것이다. '그리스도와 같이' 되라는 신약의 거듭된 요구를 우리는 그리스도의 형상과 같이 지음을 받았기 때문에 그리스도와 같아지라는 것으로 파악한다.[35]

그리스도의 모습을 우리가 이미 지니고 있기 때문에 그리스도는 우리의 따름의 '보기'가 될 수 있다. 그가 친히 우리 중에서 실지로 우리의 생활을 했기 때문에 '그가 행한 것같이'(요일 2:6), '그가 한 것같이'(요 13:15), 우리도 할 수 있고, '그가 사랑한 것같이 사랑하고', '그가 용서한 것같이 용서하고'(골 3:13), '그가 생각한 것을 생각할 수 있으며'(빌 2:5), '그가 우리에게 남겨준 보기를 좇을 수 있으며'(벧전 2:21) 그가 우리를 위하여 자신의 목숨을 버린 것같이 우리도 형제를 위하여 우리 목숨을 버릴 수 있는 것이다(요일 3:16).

오직 그가 우리와 같았다는 이유에서만 우리도 그와 같을 수 있는 것이다. 우리를 그와 같이 만들었기 때문에 '그리스도와 같을' 수 있는 것이다. 본회퍼에 따르면, 하나님의 형상과 같이 된 자에게 다시한 번 끝으로 다짐하는 것은 '하나님을 본받는 자' 이도록 부름을 받았다는 사실이다. 예수를 따르는 자라 함은 하나님을 닮은 자라고 할 수 있다고 한다.[36]

4장

제자직의 수행

기도

본회퍼가 제자직의 수행에 대해 다루고 있는 주요 저서는 『나를 따르라』와 『신도의 공동생활』이다. 『나를 따르라』에서는 부름을 받은 자의 신앙적인 비약이 강조되고 있다. 이 글은 대중의 교회, 보이는 기독교에 항거하여, 그리스도의 제자, 산상설교의 비범성을 진지하게 취급하는 숨은 무리들, 그리스도를 따르도록 부름을 받은 자들을 위해 씌어졌다. 2년 뒤에 저술한 『신도의 공동생활』에서는 『나를 따르라』에서 복종의 직접성을 언급하면서 간과한 것처럼 보였던 내용을 다루고 있다. 말씀과 기도 그리고 복종에 대한 묵상이다.[1] 이 글은 본회퍼가 핑켈발데(Finkenwalde) 신학교에서 제자들과의 공동체 생활을 통해

얻은 경험의 보고서이다. 본회퍼는 개인으로서 그리스도인은 어떠한 실용주의나 행동주의보다 말씀의 명상과 성령의 능력을 통해서 더 깊게 교회 공동체적 삶을 살 수 있다고 한다.

제자가 되는 길로서 강조된 신앙의 훈련 중 기도는 그리스도인의 삶의 숨은 성격의 최고의 경우이다(마 6:5-8).[2] 따름으로 예수만을 의지하는 사람은 그를 통하여 아버지에게 이르는 길을 얻을 것이다. 그러므로 기도는 모두 중재적이요, 직접적 기도는 있을 수 없다. 오직 예수 그리스도를 통하여서만 기도에서 아버지를 부를 수 있다. 기도의 정체는 곧 신앙이요, 그리스도에 묶임이다. 그러므로 그리스도는 우리 기도의 유일한 중보자이기도 한 것이다. 그의 가르치심에 따라 우리는 기도할 수 있다. 우리 기도는 그렇기 때문에 언제나 그의 말씀에 매인 기도이다.[3]

우리 기도의 대상은 그리스도를 통하여 믿는 하나님이시다. 그러므로 우리의 기도는 결코 신을 주문으로 주술하는 것일 수는 없다. 또 자기를 나타내는 요술일 수도 없다. 우리의 부족한 것을 구하기 전에 먼저 알아야 할 것은 우리의 쓸 것은 그분이 먼저 알고 있다는 사실에서 우리가 기노하는 데 있어서 이 사실은 가장 큰 신뢰나 안도의 확신을 준다. 기도의 형식이나 말의 수가 아니라, 믿음으로 우리를 이미 알고 계시는 하나님 아버지의 마음에 매달린다. 기도는 아버지의 마음에 호소하는 아이의 구함이라 하겠다. 기도는 철두철미 숨은 것으로 여하한 경우에도 그것이 공개적일 수 없다.

예수는 어떻게 기도하라는 것뿐 아니라 무엇을 구하라고도 가르치셨다. 주기도문은 제자들의 기도를 시범할 뿐 아니라 예수가 가르치신 것같이 기도해야 한다는 것이다. 하나님은 기도로 구하는 것을 반드시 들어주실 것이다. 제자들의 모든 기도의 본질과 한계는 이 기도문이다. 본회퍼에 따르면, 기도란 하나님의 말씀을 좇아 기도한다는 것이요, 약속을 믿고 기도한다는 것이다. 그리스도인의 기도는 계시된 말씀이라는 튼튼한 터 위에 서 있는 것이다. 성령이 우리 안에서 우리를 위해 기도하신다는 것과 그리스도가 우리를 위해서 기도하신다는 것, 우리는 예수 그리스도의 이름만으로 하나님께 바로 기도할 수 있다는 성서의 말씀이 바로 그것을 말한다.[4] 기도는 마음에 가득 차 있는 괴로움과 즐거움을 털어놓고 마는 것이 아니라, 예수 그리스도 안에서 꺾이지 않고 꾸준히 하나님의 뜻을 배우고, 자기의 것으로 만들고, 자기의 마음에 인을 치는 것이다.[5]

본회퍼는 기도의 모범으로서 시편의 기도로 새롭게 되돌아가야 할 것을 강조한다. 시편은 성서 전체에서 독특한 위치를 차지하는데, 그것은 하나님의 말씀인 동시에 거의 예외 없이 사람의 기도이다. 또한 시편은 예수 그리스도의 기도의 모범이라고 강조한다. "시를 노래함으로 서로 말을 나누라"(엡 5:19), "스스로 가르침과 깨우침을 받으라."(골 3:16). 고대로부터 교회는 함께 시를 읊어드리는 기도에 특별한 의미를 주었다. 함께 드리는 경건회를 시편으로 시작하는 교회들이 많은데, 오늘의 교회가 이것을 많이 잃어가고 있다고 지적하고, 시편의 기도로 새롭게 되돌아가야 할 것을 강조한다. 시편은 예수 그리스도의 기도이며, 예수께서 그를 따르는 무리 가운데서 시편으로 기도하셨기 때문에,[6] 시편은 모든 시대를 위한 그의 기도가 될 것이다. 이것은 그리스도의 교회가 처음부터 알았고 증거했던 것이다.

우리가 기도할 수 있는 근거는 예수 그리스도의 기도에 있다. 예수께서 기도하신 것처럼 우리도 그렇게 기도함으로써 우리의 기도가 하나님께 들려지게 된다.[7] 우리의 기도는 그리스도께서 그렇게 하셨던 것처럼 세상의 마지막에 이르기까지 계속해서 드리는 것이다. 이 기도는 그리스도의 온 몸인 교회가 함께 드리는 기도이다.

본회퍼에 따르면, 시편이야말로 모든 기도의 배움터이다.[8] 첫째로, 시편을 통해서 기도하는 방법을 배우게 된다. 하나님의 말씀을 따라 기도하는 것이요, 하나님의 약속을 믿고 기도하는 것이다. 그리스도인의 기도는 계시된 말씀이라는 든든한 터 위에 있다. 즉 예수 그리스도를 토대로 기도하는 것이다. 그러므로 성서는 "성령이 우리 안에서 우리를 위해서 기도하신다. 그리스도가 우리를 위해서 기도하신다. 우리는 예수 그리스도의 이름으로만 하나님께 바로 기도할 수 있다."고 말씀한다.[9]

둘째로, 시편을 통해서 기도의 목적을 배우게 된다. 예수 그리스도의 십자가의 피와 의가 우리의 치장이요 영광의 옷이 되는 한에 있어서, 우리는 결백을 호소하는 시를 우리를 위한 그리스도의 기도요 우리에게 주신 선물로써 기도할 수 있을 뿐 아니라 기도해야 하는 것이다. 참사람이셨고, 이 기도에 담겨 있는 폭넓은 경험을 홀로 남김없이 아시는 그분의 기도를 믿고 기도하는 것이다. 예수 그리스도를 통해서 예수 그리스도의 심정으로 이런 시로써도 기도할 수 있는 것이다.

우리는 말로 다할 수 없는 비극과 고난 가운데서 호소하는 기도를 어떻게 우리의 기도로 삼아야 하겠는가? 우리가 이 수난의 시를 가지고 기도하게 되고 또 기도할 수 있는 것은 스스로의 경험으로는 알지도 못하는 어떤 경지에 자신을 끌어올리려는 것도 아니고 자신의 고난을 호소하려는 것도 아니며, 이 모든 고난이 예수 그리스도가 질병과 고통과 치욕과 죽음을 겪으셨고 그의 수난과 죽으심은 곧 모든 사람의 수난이요 죽음이기 때문이다. 그리스도의 십자가에서 일어난 일은 우리 옛사람의 죽음이다. 그리고 우리가 세례를 받은 이후에 일어난 일 그리고 일어나야 할 일은 우리 육의 죽음이다. 그럼으로써 우리로 하여금 예수의 기도를 드릴 수 있게 되는 것이다.[10]

셋째로, 시편은 함께 기도하는 중에 참 사귐에 이를 것을 가르쳐준다. 기도하는 것은 그리스도의 몸이다. 그리고 나는 한 개인으로서 나의 기도가 성도의 무리의 온 기도의 한 부분에 지나지 않음을 깨닫는다. 나는 그리스도의 몸과 함께 기도하는 것을 배운다. 이렇게 함으로 나는 내 개인의 소원을 넘어서 자기 중심이 되지 않는 기도를 드리는 것이다. 그리스도의 몸인 성도의 무리의 한 지체가 같이 기도하고 있다는 것, 예수 그리스도 자신이 함께 기도하므로 개인들의 기도가 바른 기도가 될 수 있을 뿐이라는 것이다.

우리의 모든 기도 가운데 살아 있는 것은 예수 그리스도의 기도뿐이다. 이것만이 그 기도가 성취되리라는 약속을 받는 것이요, 이방인들처럼 공연히 말만 늘어놓는 것을 면하게 하는 것이다. 본회퍼는 우리가 시편 속에 깊이 들어가 자라면 자랄수록, 시편을 우리의 기도로

삼으면 삼을수록 우리의 기도는 그만큼 소박하고 풍부한 것이 될 것이라고 말한다.[11]

본회퍼는 함께 드리는 기도에 대해서도 말한다. 하나님의 말씀과 교회의 찬양소리와 우리의 기도는 서로 떨어질 수 없다: "그대들이 두 사람이라도 마음을 모아 무슨 일에나 기도하면 하늘에 계시는 내 아버지께서 이루어 주실 것입니다."(마 18:19). 그리스도인들이 하나님의 말씀 아래서 함께 살려고 하면 그들은 함께 자기들의 말로 하나님께 기도해야 하고 또 기도할 수 있다는 것은 엄연한 사실이다. 우리가 함께하는 공동의 간구, 공동의 감사, 공동의 기원이 있다.[12]

우리는 공동의 기도를 하되 즐겁고 확신에 찬 기도를 해야 한다. 한 형제가 모든 형제들의 공동의 기도를 하나님께 올리게 될 때에 그가 사람들 앞에서 자기 말로 자유롭게 기도하는 것이 조금도 두렵지 않고 조금도 부끄럽지 않게 되는 것이다. 함께 드리는 우리의 기도는 오늘 하루를 위한 우리의 기도요, 우리의 사업, 우리의 사귐, 우리 모두를 괴롭히는 구체적인 어려움과 죄, 우리에게 맡겨진 사람들을 위한 우리의 기도여야 하는 것이다.

그리스도인의 생활에서 함께 기도한다는 것처럼 당연한 것은 없다. 함께 드리는 기도야말로 예수 그리스도 안에서 커다란 약속을 받는 기도이다. 함께 드리는 경건회의 자유로운 기도는 모인 성도들의 공동의 기도이다. 기도는 실천과 분리될 수 없다. 그리스도와 관련된 사상과 조직, 운동과 실천은 기도에 의해서 탄생되어야 한다. 우리의 계획과 일, 실천적인 과제 등이 하나님의 다스림과 축복 안에서 성취되고 결실하기 위해서 기도해야 한다.

가장 깊고 완전한 그리스도의 생명은 기도함을 통해 찬란하게 빛을 발한다. 하나님의 생명에 참여하게 된 생명은 진리 안에서 즐거워하고 꽃피게 된다.[13]

성서 읽기

본회퍼는 매일 기도와 함께 성서를 읽어야 할 것을 강조한다. "마음을 모아 성서를 읽으라."(딤전 4:13)는 말씀과 같이, 성서 전체가 하나님의 계시의 말씀이므로 성서를 읽는 것은 매우 중요하다.[14] 성서는 전 인류에게 계시된 하나님의 말씀으로서 어느 시대에나 타당한 것이다. 성서는 마디마디 떨어지는 구절들로 되어 있는 것이 아니고, 하나의 전체로서 의미를 가지는 것이다. 성서는 끝없는 내적인 관련에서 비로소 주 예수 그리스도에 대한 충분한 증인으로서 이해되는 것이다. 다시 말해서 신약과 구약의 관계, 약속과 성취의 관계, 계시와 율법의 관계, 율법과 복음의 관계, 십자가와 부활의 관계, 신앙과 복종의 관계, 가짐과 기다림의 관계에서 주 예수 그리스도에 대한 충분한 증언으로서 이해되는 것이다.[15] 그렇기 때문에 함께 모이는 경건한 모임에서 시편의 기도를 드리는 외에 구약과 신약을 오래 읽는 일이 빠질 수 없다. 본회퍼는 그리스도인의 가정에서 아침과 저녁으로 드려지는 예배에서 적어도 구약 한 장과 신약 반 장을 읽고 듣게 되어야 함을 강조한다.[16]

본회퍼는 목회자로서 하나님의 말씀을 잘 알지 못한다는 것을 인정함과 동시에, 이제까지 등한시하던 말씀에 대한 진실한 연구를 회복해야 한다고 지적한다. 그리고 말씀의 연구가 목회자로써 해야 할 본분임을 강조한다.[17]

성서는 단순히 격언이나 생활철학이 아니고 예수 그리스도에게서 나타난 하나님의 계시의 말씀이기 때문에 역사서든 예언서든 복음서든, 서간집이든 계시록이든 서로 관련을 가지고 하나님의 말씀으로 읽고 들어야 한다.[18] 성서를 계속해서 읽는 사람들은 마음을 가다듬고 읽으면 누구나 하나님께서 단 한 번 인류의 구원을 위해서 행하신 그곳으로 휘몰려 들어가는 것이다. 하나님을 예배하면서 읽을 때야말로 성서는 우리에게 아주 새로운 것이 된다. 우리는 성서를 읽을 때 우리의 구원을 위해서 일찍이 일어난 그 사건에 동참하게 된다. 우리는 우리 자신의 실존에서 벗어나서 지상에서 행하신 하나님의 거룩하신 역사 속으로 옮겨지게 된다. 거기서 하나님은 우리에게 손을 내미셨고, 거기서 오늘도 고난과 죄에 빠져 있는 우리에게 진노와 은총을 가지고 손을 내미시는 것이다.[19]

중요한 것은 하나님이 오늘날 우리의 생을 굽어보시고 우리의 생에 동참하신다는 것이 아니라, 우리가 머리를 숙이고 귀를 기울여 거룩하신 역사 속에서 행하신 하나님의 행위, 곧 지상에서 이룩된 그리스도의 역사에 동참한다는 것이다. 그리고 다만 우리가 '거기에' 가서 있는 한 하나님은 오늘도 우리와 함께 계시는 것이다.[20]

여기서 모든 것이 뒤집히는 것이다. 우리의 삶에서 하나님의 도우심과 임재가 비로소 나타났다기보다는 예수 그리스도의 삶에서 하나님의 임재와 도우심이 우리를 위해서 드러난 것이다. 사실 우리에게 더욱 중요한 것은 하나님이 오늘 우리와 무엇을 하려고 하시는지를 찾는 것보다는 하나님이 이스라엘에게 또한 그의 아들 예수 그리스도에게 무엇을 하셨는지를 아는 것이다. 예수 그리스도가 죽으셨다는 사실이 내가 죽는다는 것보다 더 중요한 것이요, 예수 그리스도가 죽은 자들 가운데서 일어나셨다는 것이 마지막 날 나도 다시 일어나리라는 희망의 유일한 밑받침이 되는 것이다.[21]

우리의 구원은 우리의 밖에 있는 것이다. 나는 나의 구원을 나의 삶의 역사에서가 아니라 예수 그리스도의 역사에서만 찾는 것이다. 예수 그리스도 안에서 자신을 발견하는 사람, 그의 사람이 되심, 그의 십자가와 그의 부활에서 자신을 발견하는 사람이 하나님과 함께 있는 것이고, 하나님이 그와 함께 계시는 것이다.[22]

이로써 하나님을 예배하면서 성서를 읽는 일은 모두 다 우리에게 날마다 보다 더 의미 있는 것이 되고 더 유익한 것이 된다. 우리가 우리의 삶이라고 하고, 우리의 괴로움 우리의 죄라고 하는 것이 정말 그대로 현실인 것이 아니라 성서에야말로 우리의 삶, 우리의 괴로움, 우리의 죄 그리고 우리의 구원이 있는 것이다. 거기서 하나님이 우리를 위해 손을 뻗으시기를 원하셨기 때문에 우리는 거기서밖에 구원을 받을 데가 없는 것이다. 성서 밖에서 우리는 우리의 역사를 배울 데가 없다. 아브라함과 이삭과 야곱의 하나님이 예수 그리스도의 하나님이시오 우리의 하나님이신 것이다.[23]

본회퍼에 따르면, 종교개혁자들이란 우리의 믿음의 선조들처럼 성서를 다시 배우지 않으면 안 된다고 한다. 우리는 이를 위해서 시간과 정력을 아껴서는 안 될 것임을 강조한다. 우리는 우선 우리 자신의 구원을 위해서 성서를 배우지 않으면 안 된다. 우리가 튼튼히 성서의 기반 위에 서지 않고서 우리가 개인으로서 하는 일이나 교회로서 하는 일이 어떻게 확실하게 되며 확신을 갖게 될 수 있겠는가?

본회퍼는 우리의 갈 길을 결정하는 것은 우리의 마음이 아니라 하나님의 말씀이라고 한다. 본회퍼는 성서의 가르침을 염두에 두지 않고 '생활에서', '경험에서' 얻을 것을 내세우고 입씨름하는 것을 얼마나 많이 보는가? 하고 반문한다.[24] "좋은 집 주인이 자기 창고에서 옛 것과 새 것을 꺼내듯 하는"(마 13:52) 사람——풍부한——하나님의 말씀에서, 성서의 가르침과 경고와 위로의 말씀에서 말할 수 있는 사람은 하나님의 말씀으로 마귀를 쫓아낼 수 있고 형제를 도와줄 수도 있는 것이다. 그러면 우리는 성서를 어떻게 읽어야 할 것인가?

본회퍼는 가정예배를 드릴 때에는 식구들이 차례로 계속해서 읽어 내려 가는 것이 좋다고 제안한다. 그렇게 함으로써 성서를 남 앞에서 읽는 것이 쉽지 않음이 드러날 것이라고 말한다.[25] 그런데 그 내용에 대한 마음의 태도가 꾸밈없이 솔직하고 겸허하게 나타나면 그만큼 그 읽는 것이 내용에 더 잘 어울릴 것이다. 성서를 바로 읽는 법으로서 생각해야 할 점은 사람 앞에서 읽을 때 절대로 자기가 성서 안에서 말씀하시는 그분이 된 것처럼 해서는 안 된다는 것이다. 성서 안에서 분노를 발하시는 이는 내가 아니요 하나님이시고, 위로하시는 이도 내가 아니요 하나님이시며, 경종을 울리는 이도 내가 아니고 하나님이신 것이다. 성서를 읽을 때 아주 깊은 관심을 기울여 읽을 수 있어야 하는 것이다. 성서를 바로 읽고 잘못 읽는 것의 차이는 나를 하나님과 혼동하느냐, 그렇지 않으면 오직 하나님만 섬기느냐 하는 데 달려 있을 뿐이다.[26] 본회퍼는 경건회의 시작이나 또 다른 경우에 성구를 한 주간의 표어나 하루의 표어로 사용하는 것도 또한 그것으로 좋은 점이 있다고 강조한다.[27]

찬양

시편의 기도를 드리고, 성서를 읽은 다음에, '함께' 찬양을 드린다. 시편은 "새 노래로 주를 찬양하라."(시 98:1)고 한다. 아침마다 새롭게 그리스도께 드리는 찬양이다. 가정에서의 기도는 이른 아침 이 찬양의 노래를 부름으로써 시작되는 것이다. 이 '새 노래'는 모든 성도들이 함께 부르는 노래이다. 하나님은 영원히 당신을 향해 불릴 위대한 찬양시를 마련하셨다. 하나님의 성도들의 모임에 들어가는 사람은 이 찬양을 함께 부르게 된다. 바로 창세 때에 "새벽 별들과 모든 하나님의 아들들이 함께 찬양하고 환성을 올린 노래"(욥 38:7)이다. 이스라엘 자손들이 홍해를 건넌 다음에 부른 개선가, 마리아가 천사의 알려줌을 듣고 부른 찬가, 바울과 실라가 감옥에서 밤에 부른 찬양, 구원받은 다음 유리바다에서 부르는 합창단의 찬양, 그리고 모세의 노래와 어린양의 노래(계 15:7), 이 모든 것이 성도의 무리가 함께 부른 찬양이다. 교회는 매일 아침 마음을 모아 이 노래를 부르고, 저녁에 이 노래로 하루를 끝내는 것이다. 이 노래로 삼위일체의 하나님과 그의 업적이 찬양을 받는다. 땅에서 울리는 이 노래는 믿는 사람들의 노래요, 하늘에서는 관람자들의 노래이다. 땅에서는 연약한 인간의 소리로 부르는 노래요, 하늘에서는 사람이 말로 표현할 수 없는 노래이다.[28]

우리의 새 노래는 지상의 노래, 하나님의 말씀이 해 돋듯 솟아나와 그들의 길을 비추는 순례자의 노래요 길손의 노래인 것이다. 하지만 우리가 지상에서 부르는 노래는 예수 그리스도에게서 나타난 하나님의 계시의 말씀에 매여 있는 것이다. 그것은 하나님의 자녀로 부르심을 받은 이 지상의 아들들의 소박한 노래에 지나지 않는다. 정신없이 미친 듯이 부르는 것이 아니라, 하나님의 계시의 말씀을 향해서 고요히 감사한 마음으로 경건하게 바치는 것이다. 우리가 찬양할 때 먼저 마음으로 부르는 것이다: "너희는 마음에서 우러나 주를 찬양하고 노래하라."(엡 5:19). 우리의 마음에 그리스도가 가득하기 때문에 노래하는 것이다.[29]

그러므로 성도가 모여서 찬양하는 것은 모두 영혼에서 우러나는 음악인 것이다. 말씀에 몸을 내맡기고 사귐 속에 녹아들어가고, 한없이 겸비하고 많은 훈련을 받는 일 없이 마음이 어울려 찬양한다는 것은 있을 수 없다. "시와 찬양과 영의 노래로 서로 말을 나누라."(엡 5:19). 그것은 노래하는 '말'이다. 그리스도인들이 모여 함께 노래함으로써 동시에 같은 말을 하고 같은 말로 기도한다. 모든 경건과 모든 관심은 찬양에 있는 가사에 집중되어야 한다. 말로 노래하며, 하나님께 찬양과 감사와 고백과 기도를 드리는 것이다. 이리하여 찬양은 말에 봉사하는 것이다. 음악은 말씀에 담겨 있는 신비를 드러내는 것이다.[30] "입을 모아 한마음이 되어 우리 주 예수 그리스도의 아버지 하나님을 찬양하라.”(롬 15:6). 성도들이 모여서 단음으로 노래하는 것이 바람직하다.[31] 단음으로 찬양하는 데는 연습이 필요하다. 본회퍼는 그리스도인들의 가정에서는 될 수 있는 대로 많은 찬양을 자유로이 부를 수 있도록 노력해야 할 것을 강조한다. 경건회에서만 찬양할 것이 아니라, 매일 정기적으로 찬양을 할 기회를 많이 만들 필요가 있다.

찬양을 많이 하면 할수록 우리가 맛보는 기쁨은 더 커진다. 그리고 무엇보다도 마음을 모으고 훈련을 거쳐서 즐겁게 부르게 되면 될수록 함께 노래하는 것이 우리 공동생활에 미치는 축복을 더 풍성하게 할 것이다.[32] 함께 노래할 때 울려나오는 것은 교회의 소리인 것이다. 내가 노래하는 것이 아니라 교회가 노래하는 것이다. 나는 교회의 일원으로서 교회의 노래에 동참할 따름이다. 그리하여 함께 바로 부르는 찬양은 우리를 도와서 영의 안목을 넓혀주고, 우리의 작은 사귐은 지상에 있는 큰 그리스도의 교회와 한가지로 인식하게 되고, 우리의 노래야 약하든 좋든 간에 우리는 교회의 찬양에 스스로 즐거이 소리를 합하면 되는 것이다.[33]

금식과 금욕

본회퍼는 자기 억제의 엄격한 훈련을 강조한다. 특히 금식하는 경건한 순간을 강조한다. 금식은 주님을 섬길 때에 방종하고 태만하고 싶어 하는 의지를 훈련시키는 데 도움을 준다. 그리고 육체적으로 겸손하게 하며 욕망을 절제하는 데 도움을 준다. 엄한 절제 훈련은 제자직을 수행하는 성도들에게 지시된 길과 일을 더 자발적으로 더 기쁨으로 행하도록 하는 데 오직 목적이 있다.[34]

제자직을 위해서는 날마다 기도에 의한 훈련과, 하나님 말씀의 끊임없는 연구와, 절제와 규율에 의한 육체적인 훈련이 필요하다. 본회퍼가 금욕주의를 주장하는 분명한 이유가 있다. 만일 우리의 삶 속에 금욕주의의 요소가 없다면, 만일 우리가 육의 욕망을 자유롭게 풀어놓는다면, 그리스도의 제자로써 훈련받기 어렵다. 육의 욕망을 만족하려는 상태로서는, 기쁨을 가지고 기도하고 자기 부정을 요구하는 봉사의 삶에 헌신하기 어려울 것이다. 그래서 본회퍼는 그리스도인은 엄격한 외적 훈련을 할 필요가 있다고 주장한다. 그리스도를 따라가고 자기의 뜻을 죽이고 그리스도 안에서 옛 사람을 죽인 그리스도인은 날마다의 자기 훈련의 필요를 누구보다도 잘 안다.[35] 육은 날마다의 굴복에 항거하여 처음에는 전면 공격을 하다가 후에는 복음적 자유의 이름으로 공격한다. 모든 율법적 강제로부터의 자유, 자기 순교, 죽음으로부터의 자유를 요구하고, 이것을 구실로 훈련과 금욕주의의 적절한 복음적 사용을 제거한다. 이와 같이 우리는 기도에 있어서, 명상에 있어서, 우리의 몸의 삶에 있어서 우리의 방종과 불규칙을 정당화한다. 본회퍼는 금욕주의는 잘못된 것이며, 우리에게 필요한 것은 신앙뿐이라는 주장은 잘못이라고 한다.[36]

결국 모든 것을 말하고 행하였을 때, 만일 그것이 모든 할 수 있는 무기를 가진 육에 대한 영의 간단없는 싸움이 아니라면 신앙의 삶은 아무것도 아니다. 본회퍼에 따르면, 우리의 기도에 권태가 오고, 성서를 읽는 맛을 잃고, 자고 먹고 느끼는 것이 하나님과의 교제의 기쁨을 빼앗아가는데 어떻게 신앙의 삶을 사는 것이 가능하겠느냐고 묻는다. 본회퍼는 금욕주의를 '자발적 수난'의 의미로 해석한다. 그것은 수동성이 아니고 적극적인 수난이다.

그러나 금욕주의에도 위험이 따르는 것을 경계한다. 우리의 금욕주의 속에서 항상 그리스도의 수난을 모방하려는 유혹이 있음을 경계하도록 한다. 그래서 본회퍼는 금욕주의의 동기에 더 중요성을 둔다. 금욕주의는 우리에게 더 좋은 봉사와 보다 깊은 겸손을 준비해주는 것이다. 그러나 그것이 그리스도의 고난에 기초하고 있을 때에만 그것을 할 수 있다. 만일 그렇지 못한다고 하면 그것은 그리스도 자신의 고난의 서투른 모방으로 타락한다. 이러한 제한과 기초 위에서 본회퍼는 "금욕주의는 구원의 길이다."라고 말할 수 있다고 한다.[37]

V부

마무리

의인과 성화는 교회가 선포하고 실현해야 하는 복음의 핵심적인 메시지이다. 이 땅의 교회는 하나님의 나라를 실현하기 위한 도구로서, 하나님의 의를 나타내어야 한다. 하나님의 의는 믿음으로 의롭다 함(의인)을 얻은 하나님의 백성들이 책임적인 삶(성화)을 통하여, 윤리적인 생활을 내포하는 영적으로 성숙한 변화를 이룸으로써 실현된다.

21세기에 접어들어 한국교회의 성장이 정체되고 있다. 정체하는 데는 여러 가지 요인들이 있겠지만, 신학적으로는 기독교인들의 이원론적인 신앙 행태를 주된 요인으로 지목할 수 있다. 기독교인들이 신앙과 생활을 별개의 것으로 여기면서, 사회적으로 복음의 본분을 상실한 교회에 대해서 등을 돌리게 된 것이다. 한국교회는 새로운 미래를 위해서 신앙과 생활의 일치를 회복해야 할 것이다.

교회사를 살펴보면 의인과 성화에 대한 다양한 논의가 시대 상황에 상응하여 전개되어왔음을 알 수 있다. 지난 세기에도 마찬가지였다. 종교의 울타리를 벗어난 세속 가치와 권력이 주도권을 행사하는 시대 상황에 직면한 교회는 복음의 본래성을 회복하기 위한 신학적 논의를 전개하게 되었다.

칼빈은 이중적 의인론, 즉 죄인의 의인과 의인된 자들의 행위의 의인에서 '오직 은총'에 안주하려는 신앙적 나태함을 지적하고, 성령의 사역에 의한 성화에 관심을 집중했다.

바르트는 20세기의 상황에서 종교개혁의 원리를 다시 살려냈다. '하나님의 말씀'을 중심으로 하여, 의인과 성화를 그리스도 안에서 동시적으로 성취된 하나님의 은혜의 행위로 이해했다.

본회퍼는 독일교회의 율법주의적 행태에 맞서, 루터의 의인사상을 재해석하고, '성화의 삶'으로서 복종과 제자직을 강조하였다. 본회퍼에게 의인은 과거 하나님의 구원의 행위를 받게 되는 수단이고, 성화는 현재와 미래에서 하나님의 행동의 약속을 소유하는 수단이 된다. 의인은 그리스도의 십자가의 죽음의 사건을 통해서 그리스도와 사귐 속으로 들어가는 것의 보증이요, 성화는 그리스도 안에서 그 교제를 계속하는 것이다. 본회퍼에 따르면 의인과 성화의 관계를 창조와 보존의 관계에 비할 수 있다. 의인은 새로운 인간의 창조이며, 성화는 예수 그리스도의 날까지의 견딤이다. 본회퍼는 의인과 성화의 관계를 새롭게 조명함으로써 교회가 증언해야 할 그리스도인의 참 모습을 밝히고자 했다.

오늘의 한국교회는 '값싼 은혜'를 구하며, '행함 없는 믿음'을 정당화하고, 교회의 본질을 상실한 채 참된 하나님의 은혜로부터 등을 돌리고 있지 않은지 자성해보아야 한다.

의인과 성화는 하나님의 은혜로 말미암은 구원 사건의 양면을 이룬다. 위로부터의 수직적인 측면에서 보면 믿음과 은혜이고, 수평적으로 인간의 책임적인 측면에서 보면 선한 행실이다. 이 둘 중에 하나를 근본적으로 별개의 것으로 분리할 수 없다.

의인 없는 성화의 강조와, 성화 없는 의인의 강조는 모두 교회를 병들게 한다. 한국교회가 건강해지려면, 믿음으로서의 의인과 성화의 삶을 함께 추구하는 신앙의 균형을 회복해야 할 것이다.

주

Ⅰ부 구원론 이해

1. 구원론과 교회

1) Karl Barth. "Rechtfertigung und Heiligung", Zwischen den Zeiten 5. 1927, 292.
   Karl Barth. *Church Dogmatics*, IV/1, translated by G. T. Thomson (Edinburgh: T.
   & T. Clark, 1960), 528. (이하 C.D.로 표기).
   C.D. IV/1, 505.
2) Dietrich Bonhoeffer, *Nachfolge*, 허혁 역, 『나를 따르라』(서울: 대한기독교서회,
   1969), 38.
3) Ibid., 268.
4) 박봉랑, 『신학의 해방』(서울: 대한기독교 출판사, 1991), 486.
5) Ibid., 487.

2. 구원론의 개요

1) 주재용, "개혁교회 신앙과 한국교회", 「신학연구」 제34권, 3-4.
2) Ibid., 7.
3) 박봉랑, 『신학의 해방』(서울: 대한기독교 출판사, 1991), 518.
4) Ibid., 519.
5) 박봉랑, 『교의학 방법론』(서울: 대한기독교 출판사, 1992), 507-508.
6) Ibid., 523.

3. 의인과 성화에 대한 역사적 고찰

1) Karl Barth, *Kurze Erklärung Des Römerbriefes*, 전경연 역, 『로마서 소강해』(서울 : 대
   한기독서회, 1966), 53-93.
   C.D. IV/1, 582.

2) C.D. IV/2, 515.

3) 전경연, 『로마서 연구』(서울 : 향린사, 1973), 162.

4) Dietrich Bonhoeffer, *Nachfolge*, 267.

5) C.D. IV/1, 524, 623.

6) C.D. IV/1, 523, 625.

7) Williston Waker, *A History of the Christian Church*, 강근환 외 4인 역, 『세계기독교회
   사』(서울 : 대한기독교서회, 1979), 202-203

8) Dietrich Bonhoeffer, *Nachfolge*, 24.

9) 박봉랑, 『기독교의 비종교화』(서울 : 범문사, 1980), 311.

10) Institute, 3.11.7.

11) Institute, 3.11.11.

12) Institute, 3.11.11.

13) Wilhelm Niesel, *Die theologie Calvins*, 이종성 역, 『칼빈의 신학』(서울 : 대한기독교
    서회, 1980), 128.

14) Institute, 3.16.1.

15) Institute, 3.11.6.

16) Institute, 3.16.1.

17) Heick Otto W, *A History of Christian Thought*, Vol. 11 (Philadelphia : Fortress
    press, 1966), 180.

18) Dietrich Bonhoeffer, *Nachfolge*, 31-32.

19) Ibid., 268.

20) Dietrich Bonhoeffer, *Ethik*, 손규태 역, 『기독교 윤리』(서울 : 대한기독교서회,
    1979), 102-104.

21) Jürgen Moltman, *Kirche in der Kraft des Geistse*, 박봉랑 역, 『성령의 능력 안에 있는
    교회』(서울 : 한국신학연구소, 1980), 49.

22) Ibid., 376-380.

23) Ibid., 188.

24) Ibid., 196.

25) Ibid., 203.

26) Ibid., 109.

27) Ibid., 109.

28) Ibid., 208.

29) Ibid., 210.

II부 칼빈의 의인론과 성화론

1. 칼빈의 의인론(義認論)

1) 황성규, "칼빈의 의인론", 『칼빈신학의 현대적 이해』(서울: 한국신학대 출판부, 1978),
   91.

2) Ibid., 92.

3) W. Niesel, *Die Theologie Calvins*, 1957, 이종성 역, 『칼빈의 신학』(서울 : 대한기독교
   서회, 1977), 128.

4) Institutes, 2.6.4.

5) Institutes, 3.1.4.

6) Institutes, 3.1.1.

7) Institutes, 3.2.24.

8) Institutes, 3.3.20.

9) Institutes, 3.1.1.

10) Institutes, 3.1.2.

11) Institutes, 3.1.2.

12) Institutes, 3.7.11.

13) Institutes, 3.2.33.

14) Institutes, 3.1.11.

15) Institutes, 3.11.10.

16) Institutes, 3.2.24.

17) Institutes, 3.11.1.

18) Institutes, 3.11.2.

19) Institutes, 3.4.3.

20) Institutes, 3.4.3.

21) Institutes, 3.11.13, 3.11.5-12.

22) Institutes, 3.11, 16, 22.

23) Institutes, 3.17.19.

24) Institutes, 3.11.22.

25) Institutes, 3.8.8.

26) Institutes, 3.7.11.

27) Institutes, 3.11.12.

28) Institutes, 3.11.4.

29) Institutes, 3.5-12, 3.11.13-20, 3.15, 1-8. 15. 16.

(1) 오시안더(Andeas Osiander, 1494-1552) : 독일의 루터파 종교개혁자. 1550년에 「De Justificatione」에서 "신앙에 의해 의롭게 되는 것은 그리스도 자신이 죄악 속에 임재함으로써 가능하다는 본질적 의, 곧 우리의 본질과 그리스도의 본질이 혼연일체가 된다."는 논조 때문에 정통적 개혁주의자들에 의해서 반대되었고, 이 논쟁은 그의 사후에도 계속되었으나 협화신조(1577) 3항에서 그 오류점이 판명되었다. 칼빈은 선행이 의인을 위하여 유효하다는 그의 주장을 논박했다.

(2) 로마 가톨릭교회에 대해서 칼빈은 의인을 얻으려면 인간의 공적이 필요하다는 공적사상을 거부했다.

(3) 자유의지론(Free Will)에 대해서도, "하나님과 인간이 협동해서 의롭게 된다는 신인협동설의 주장(알마니안과 알마니안주의: 감리교 계통)도 거부했다.

30) Institute, 3.2.11.

31) Institute, 3.11.11.

2. 칼빈의 성화론(聖火論)

1) Institute, 3.1.3.

2) Institute, 3.3.9.

3) Ibid.

4) Ibid.

5) Institute, 3.3.8.

6) Ibid.

7) Institute, 3.2.1.

8) Institute, 3.1.1.

9) *Commentaries on the book of the prophet Isaiah* (Michigan : W. B. Eerdmann, 1953),

11.2.

10) Institute, 3.2.4.

11) Institute, 4.7.3.5.

12) Institute, 3.11.10.

13) Institute, 4.18.19.

14) Comm, on 1 Pet.4:1.

15) Comm, on Mat. 16:24.

16) Institutes, 4.1.5.

17) Institutes, 4.1.4.

18) Comm, on Ps. 15:1.

19) Institutes, 4.1.3.

20) Institutes, 4.1.20.

21) Coms, on. 1 Cor. 1:2.

22) Comm, on. Ps. 16:3.

23) Institutes, 4.1.5.

24) Comm, on 1 Cor, 13:12.

25) Institute, 4.3.2.

26) Comm, on Ps. 50:17

27) Institute, 4.1.1–4.

28) Institute, 4.1.4.

29) Institute, 1.1.5, 6.

30) Institute, 4.10.6.

31) Institute, 4.20.32.

32) Institute, 3.11.13–20, 3.15, 1–4, 5–8.

33) Institute, 3.4.2.

34) Institute, 3.4.3.

35) Institute, 3.4.4.

36) Institute, 3.7.2.

37) Institute, 3.8.2.

38) Institute, 3.7.8.

39) Institute, 3.7.7.

40) Comm, on Gerr. 6:5.

41) Serm, on Deut. 6:20–25.

42) Institute, 3.8.1.

43) Institute, 3.8.8.

44) Institute, 3.8.7.

45) Institute, 3.8.9.

46) Institute, 3.8.1.

47) Institute, 3.8.7.

48) Institute, 3.8.4.

49) Institute, 3.11.6.

50) Institute, 2.16.13.

51) Institute, 2.16.13.

52) Comm, on Mat. 6:10.

53) Institute, 3.20.1-2.

54) Comm, on Ps. 54:6.

55) Serm, on, 1 Cor. 10:12-14.

56) Institute, 3.20.1.

57) Institute, 3.20.24.

58) Institute, 3.20.11.

59) Institute, 3.20.13.

60) Institute, 3.20.9.

61) Institute, 3.20.14.

62) Institute, 3.20.8-9.

63) Serm, on Deut. 26:16-19.

64) Institute, 3.20.16.

65) Comm, on John, 16:26.

66) Comm, on 1 Tim. 2:6.

67) Institute, 3.20.

68) Institute, 3.20.20.

69) Institute, 3.20.20.

70) Comm, on Ps. 66:13.

71) Comm, on Ps. 35:23.

72) Comm, on Ps. 7:7.

73) Institute, 3.20.14.

74) Institute, 3.20.14.

75) Comm, on Jer. 29:13, 38:5.

76) Institute, 3.20.29.

77) Institute, 3.20.34.

78) Comm, on Rom. 8:26.

79) Institute, 3.20.5.

80) Comm, on Rom. 8:26.

81) Institute, 3.20.5.

82) Comm, on Ps. 78:18.

83) Institute, 3.10.3.

84) Serm, on 1 Tim. 6:9-1.

85) Serm, on Gal. 5:11-14.

86) Comm, on Ps. 116:15.

87) Institute, 3.8.9.

88) Serm, on Eph. 5:15-18.

89) Comm, on 1 Tim. 6:8.

90) Institute, 3.6.2.

3. 의인과 성화의 관계

1) Institute, 3.16.1.

2) Institute, 3.11.6.

3) Institute, 3.16.1.

4) Institute, 3.16.1-4.

5) Richard, L. Joseph, *The Institute of Calvinistic Studies in Korea* (Seoul: Korea Christian Culture, 1986).

6) Comm, Gal. 2:20.

7) Institute, 3.11.3.

8) Coms, Gal. 3:6.

9) Institute, 3.11.11.

10) Institute, 3.11.2.

11) Comm, 1 Jn. 1:7.

12) Institute, 3.15.11.

13) Comm, Mat. 3:17.

14) Comm, 1 Cor. 1:8.

15) Comm, Col. 1:22.

16) Comm, Eph. 3:16.

17) Comm, Jm. 17:17.

18) Institute, 3.1.1.

19) Institute, 3.1.1.3, 11.10.4.15.5.

20) Comm, Rom. 7:5.

21) Institute, 3.2.24.

22) Institute, 3.11.18.

23) Institute, 3.1.3.

24) Institute, 1.13.14.

25) Institute, 2.15.2.

26) Institute, 4.1.7.

27) Comm, Amo. 9:13.

28) Comm, Lk. 17:20.

29) Institute, 3.4 요약

30) Institute, 4.14.2.

31) Institute, 4.14.9.

32) Institute, 3.2.40.

III부 칼바르트의 의인론과 성화론 및 소명론

1. 칼바르트의 의인론(義認論)

1) C.D. IV/1, 134.

2) C.D. IV/1, 114.

3) C.D. IV/1, 514.

4) Ibid.

5) C.D. IV/1, 515.

6) C.D. IV/1, 520.

7) C.D. IV/1, 517.

8) C.D. IV/1, 518.

9) C.D. IV/1, 519.

10) C.D. IV/1, 521.

11) C.D. IV/1, 527.

12) L. Baith, *Rechtfertiguing and Heiliguing*, zwischen den Zeiten, 1957, 292.

13) Ibid., 308.

14) Ibid., 292.

15) C.D. IV/1, 527.

16) Ibid.

17) C.D. IV/1, 528.

18) C.D. IV/1, 527.

19) C.D. IV/1, 529.

20) C.D. IV/1, 530.

21) C.D. IV/1, 533-536.

22) C.D. IV/1, 537.

23) C.D. IV/1, 538.

24) C.D. IV/1, 539.

25) C.D. IV/1, 540.

26) C.D. IV/1, 541.

27) C.D. IV/1, 542.

28) C.D. IV/1, 549.

29) C.D. IV/1, 550.

30) C.D. IV/1, 555.

31) C.D. IV/1, 557-558.

32) C.D. IV/1, 558.

33) C.D. IV/1, 568.

34) C.D. IV/1, 569.

35) Ibid.

36) C.D. IV/1, 570.

37) C.D. IV/1, 575.

38) C.D. IV/1, 576.

39) C.D. IV/1, 596.

40) C.D. IV/1, 597.

41) C.D. IV/1, 600-603.

42) C.D. IV/1, 598.

43) C.D. IV/1, 600.

44) C.D. IV/1, 603.

45) C.D. IV/1, 616.

46) C.D. IV/1, 617.

47) Ibid.

48) C.D. IV/1, 618-619.

49) C.D. IV/1, 620.

50) C.D. IV/1, 621-626.

51) C.D. IV/1, 627-629.

52) C.D. IV/1, 630.

53) C.D. IV/1, 628.

54) C.D. IV/1, 630.

55) C.D. IV/1, 632.

56) C.D. IV/1, 638.

57) C.D. IV/1, 639.

58) C.D. IV/1, 629.

59) C.D. IV/1, 634.

60) C.D. IV/1, 635.

61) C.D. IV/1, 636.

62) C.D. IV/1, 637.

2. 칼 바르트의 성화론(聖火論)

1) C.D. IV/2, 499.

2) C.D. IV/2, 500.

3) C.D. IV/2, 501.

4) C.D. IV/2, 502.

5) Ibid.

6) C.D. IV/2, 503.

7) Karl Barth, *Die Kirche und Die Kultur*, 전경연 역, 『교회와 문화』(서울: 대한기독교서
   회, 1970), 86.

8) C.D. IV/2, 503.

9) Ibid.

10) C.D. IV/2, 504.

11) C.D. IV/2, 505.

12) Ibid.

13) C.D. IV/2, 506.

14) James M. Gustafson, *Christ and The moral life* (New York: Harper & Row, 1968),
66.

15) C.D. IV/2, 507.

16) Ibid.

17) C.D. IV/2, 508.

18) Ibid.

19) C.D. IV/2, 511.

20) Ibid.

21) C.D. IV/2, 513.

22) Ibid.

23) C.D. IV/2, 514.

24) C.D. IV/2, 516.

25) C.D. IV/2, 517.

26) C.D. IV/2, 518.

27) C.D. IV/2, 519.

28) C.D. IV/2, 520.

29) C.D. IV/2, 523.

30) C.D. IV/2, 528-531.

31) C.D. IV/2, 532.

32) C.D. IV/2, 534.

33) C.D. IV/2, 535.

34) C.D. IV/2, 536.

35) C.D. IV/2, 537-538.

36) C.D. IV/2, 539.

37) C.D. IV/2, 540.

38) C.D. IV/2, 541-543.

39) C.D. IV/2, 544.

40) C.D. IV/2, 545.

41) C.D. IV/2, 546.

42) C.D. IV/2, 553-554.

43) C.D. IV/2, 555.

44) C.D. IV/2, 556.

45) C.D. IV/2, 559-560.

46) C.D. IV/2, 561-562.

47) C.D. IV/2, 562-563.

48) C.D. IV/2, 564.

49) C.D. IV/2, 565.

50) C.D. IV/2, 566.

51) C.D. IV/2, 584.

52) C.D. IV/2, 585.

53) C.D. IV/2, 586.

54) C.D. IV/2, 588.

55) C.D. IV/2, 590.

56) C.D. IV/2, 594-596.

57) C.D. IV/2, 597.

58) C.D. IV/2, 598.

59) C.D. IV/2, 599.

60) C.D. IV/2, 600.

61) C.D. IV/2, 601.

62) Ibid.

63) C.D. IV/2, 607.

64) C.D. IV/2, 608.

65) C.D. IV/2, 609.

66) C.D. IV/2, 611.

67) Ibid.

68) C.D. IV/2, 612.

69) C.D. IV/2, 613.

3. 칼 바르트의 소명론

1) C.D. IV/1, 112.

2) C.D. IV/3, 481.

3) C.D. IV/3, 482.

4) C.D. IV/3, 483.

5) C.D. IV/3, 484.

6) C.D. IV/3, 486-487.

7) C.D. IV/3, 492-493.

8) C.D. IV/3, 496.

9) C.D. IV/3, 497.

10) C.D. IV/3, 496.

11) C.D. IV/3, 500

12) C.D. IV/3, 501

13) C.D. IV/3, 515-518.

14) C.D. IV/3, 519.

15) C.D. IV/3, 521.

16) C.D. IV/3, 526.

17) C.D. IV/3, 540-541.

18) C.D. IV/3, 541-543.

19) C.D. IV/3, 528-530.

20) C.D. IV/3, 531.

21) C.D. IV/3, 539-540.

22) C.D. IV/3, 575.

23) C.D. IV/3, 576.

24) C.D. IV/3, 605-607.

25) C.D. IV/3, 608-610.

26) C.D. IV/3, 615.

27) Ibid.

28) C.D. IV/3, 616.

29) Ibid.

30) C.D. IV/3, 610.

31) C.D. IV/3, 620.

32) C.D. IV/3, 626.

33) C.D. IV/3, 634.

34) C.D. IV/3, 641.

35) C.D. IV/3, 642-643.

36) C.D. IV/3, 647-648.

37) C.D. IV/3, 658.

38) C.D. IV/3, 659.

39) C.D. IV/3, 660.

40) C.D. IV/3, 664.

41) C.D. IV/3, 665.

42) C.D. IV/3, 666-667.

43) C.D. IV/3, 669.

44) C.D. IV/3, 670.

45) C.D. IV/3, 671.

IV부 본회퍼의 제자직 이해

1. 값비싼 은혜

1) Dietrich Bonhoeffer, *Nachfolge*, 24.

2) 박봉랑, 『기독교의 비종교화』(서울: 범문사, 1980), 35.

3) Ibid.

4) Bonhoeffer, *Nachfolge*., 24.

5) Bonhoeffer, *Nachfolge*., 28.

6) Bonhoeffer, *Nachfolge*., 37.

7) Bonhoeffer, *Nachfolge*., 25.

8) Bonhoeffer, *Nachfolge*., 26.

9) Bonhoeffer, *Nachfolge*., 227.

10) Bonhoeffer, *Nachfolge*., 27.

11) Bonhoeffer, *Nachfolge*., 29.

12) Ibid.

13) Bonhoeffer, *Nachfolge*., 30.

14) Bonhoeffer, *Nachfolge*., 31-32.

15) Bonhoeffer, *Nachfolge*., 32.

16) Bonhoeffer, *Nachfolge*., 33.

17) Bonhoeffer, *Nachfolge.*, 34.

18) Bonhoeffer, *Nachfolge.*, 35.

19) Bonhoeffer, *Nachfolge.*, 37.

20) Bonhoeffer, *Nachfolge.*, 38.

21) Bonhoeffer, *Nachfolge.*, 266.

22) Bonhoeffer, *Nachfolge.*, 268.

23) Ibid.

24) Bonhoeffer, *Nachfolge.*, 269.

25) Bonhoeffer, *Nachfolge.*, 270.

26) Ibid.

27) Ibid.

28) Bonhoeffer, *Nachfolge.*, 269.

29) Bonhoeffer, *Nachfolge.*, 289.

2. 제자직의 성격

1) Bonhoeffer, *Nachfolge.*, 39.

2) Bonhoeffer, *Nachfolge.*, 40.

3) Bonhoeffer, *Nachfolge.*, 41.

4) Bonhoeffer, *Nachfolge.*, 51.

5) Bonhoeffer, *Nachfolge.*, 72.

6) Bonhoeffer, *Nachfolge.*, 73.

7) Bonhoeffer, *Nachfolge.*, 75.

8) Bonhoeffer, *Nachfolge.*, 76.

9) Bonhoeffer, *Nachfolge.*, 78-81.

10) Bonhoeffer, *Nachfolge.*, 87-81.

11) Bonhoeffer, *Nachfolge.*, 99.

12) Bonhoeffer, *Nachfolge.*, 104-106.

13) Bonhoeffer, *Nachfolge.*, 112-116.

14) Bonhoeffer, *Nachfolge.*, 117-120.

15) Bonhoeffer, *Nachfolge.*, 121-124.

16) Bonhoeffer, *Nachfolge.*, 125-130.

17) Bonhoeffer, *Nachfolge.*, 131-140.

18) Bonhoeffer, *Nachfolge.*, 141-144.

19) Bonhoeffer, *Nachfolge.*, 145.

20) Bonhoeffer, *Nachfolge.*, 146.

21) Bonhoeffer, *Nachfolge.*, 147.

22) Bonhoeffer, *Nachfolge.*, 149-155.

23) Bonhoeffer, *Nachfolge.*, 156-157.

24) Bonhoeffer, *Nachfolge.*, 158-168.

25) Bonhoeffer, *Nachfolge.*, 183-186.

3. 제자의 길

1) Bonhoeffer, *Nachfolge.*, 208.

2) Bonhoeffer, *Nachfolge.*, 209.

3) Bonhoeffer, *Nachfolge.*, 210.

4) Bonhoeffer, *Nachfolge.*, 212.

5) Bonhoeffer, *Nachfolge.*, 214.

6) Bonhoeffer, *Nachfolge.*, 235.

7) Ibid.

8) Bonhoeffer, *Nachfolge.*, 228.

9) Bonhoeffer, *Nachfolge.*, 239.

10) Ibid.

11) Bonhoeffer, *Nachfolge.*, 246.

12) Bonhoeffer, *Nachfolge.*, 253.

13) Bonhoeffer, *Nachfolge.*, 256-257.

14) 박봉랑, 『기독교의 비종교화』, 39.

15) Bonhoeffer, *Nachfolge.*, 255-260.

16) Bonhoeffer, *Nachfolge.*, 261.

17) Bonhoeffer, *Nachfolge.*, 262.

18) Bonhoeffer, *Nachfolge.*, 263.

19) Bonhoeffer, *Nachfolge.*, 264.

20) Bonhoeffer, *Nachfolge.*, 266.

21) Bonhoeffer, *Nachfolge.*, 267.

22) Bonhoeffer, *Nachfolge.*, 269.

23) Bonhoeffer, *Nachfolge.*, 290.

24) Bonhoeffer, *Nachfolge.*, 291.

25) Ibid.

26) Bonhoeffer, *Nachfolge.*, 292.

27) Ibid.

28) Ibid.

29) Ibid.

30) Ibid.

31) Ibid.

32) Bonhoeffer, *Nachfolge.*, 294.

33) Bonhoeffer, *Nachfolge.*, 295.

34) Bonhoeffer, *Nachfolge.*, 296.

35) Bonhoeffer, *Nachfolge.*, 297.

36) Bonhoeffer, *Nachfolge.*, 298.

4. 제자직의 수행

1) 박봉랑, 『기독교의 비종교화』, 308.

2) Bonhoeffer, *Nachfolge.*, 295.

3) Bonhoeffer, *Nachfolge.*, 150.

4) Bonhoeffer, *Gemeinsame Leben*, 문익환 역, 『신도의 공동생활』(서울: 대한기독교서회, 1994), 61.

5) Bonhoeffer, *Nachfolge.*, 63.

6) Bonhoeffer, *Gemeinsame Leben.*, 59.

7) Ibid.

8) Bonhoeffer, *Gemeinsame Leben.*, 60.

9) Ibid.

10) Bonhoeffer, *Gemeinsame Leben.*, 61.

11) Bonhoeffer, *Gemeinsame Leben.*, 64.

12) Bonhoeffer, *Gemeinsame Leben.*, 80.

13) Bonhoeffer, *Gemeinsame Leben.*, 85.

14) Bonhoeffer, *Gemeinsame Leben.*, 64.

15) Ibid.

16) Bonhoeffer, *Gemeinsame Leben.*, 65.

17) Bonhoeffer, *Gemeinsame Leben.*, 66.

18) Bonhoeffer, *Gemeinsame Leben.*, 67.

19) Ibid.

20) Bonhoeffer, *Gemeinsame Leben.*, 68.

21) Bonhoeffer, *Gemeinsame Leben.*, 69.

22) Ibid.

23) Ibid.

24) Bonhoeffer, *Gemeinsame Leben.*, 70.

25) Bonhoeffer, *Gemeinsame Leben.*, 71.

26) Bonhoeffer, *Gemeinsame Leben.*, 72.

27) Bonhoeffer, *Gemeinsame Leben.*, 73.

28) Bonhoeffer, *Gemeinsame Leben.*, 74.

29) Bonhoeffer, *Gemeinsame Leben.*, 75.

30) Bonhoeffer, *Gemeinsame Leben.*, 76.

31) Bonhoeffer, *Gemeinsame Leben.*, 77.

32) Bonhoeffer, *Gemeinsame Leben.*, 79.

33) Bonhoeffer, *Gemeinsame Leben.*, 80.

34) Bonhoeffer, *Gemeinsame Leben.*, 157.

35) Ibid.

36) Bonhoeffer, *Gemeinsame Leben.*, 158.

37) Bonhoeffer, *Gemeinsame Leben.*, 159.

참고문헌

기초자료

Barth, Karl. *Church Dogmatics* IV/1, IV/2, IV/3. Edinburgh: T.&T. Clark, 1961.

______. *Rechtfertigung und Heiligung*. Zwischenden Zeiten, 1927.

______. *Die Menschlichkeit Gottes*. 전경연 편역.『하나님의 인간성』. 복음주의 신학총서 3. 서울: 향린사, 1970.

______. *Karze Erklärung Des Römerbriefes*. 전경연 역.『로마서 소강해』. 서울: 대한기독교서회, 1966.

______. *Die Kirche und die Kultur*. 전경연 역.『교회와 문화』. 복음주의 신학총서 3. 서울: 향린사, 1970.

Bonhoeffer, Dietrich. *Nachfolge*. 허역 역.『나를 따르라』. 서울: 대한기독교서회, 1969.

______. *Widerstand und Ergebung*. 고범서 역.『옥중서간 - 반항과 복종』. 대한기독교서회, 1994.

______. *Ethik*. 손규태 역.『기독교윤리』. 서울: 대한기독교서회, 1979.

______. *Sanction Communio*. Eine dognatishe Untersuchung zur Soziologie der kirche. München: Kaiser Verlag, 1954.

______. *Akf und Sein*. Trans. Zenden Talphilosophie und Ontologie inder systemateschen Theolozie. München: Kaiser Verlag, 1966.

______. *Schöpfung und Fall, Theologische Exegesis von Geneses 1-3*. München: Kaiser Verlag, 1956.

Calvin, John. *Institutes of Christian Religion*. Vol. I-III. ed. by John T. Mcneill, and trans. by F. L. Battles. Philadelphia: Westminster Press, 1960.

______. *Commentary on the Book of Psalms*. Michigan: W. M. B. Eerdmans Publishing

Co., 1949.

______. *Commentary on a Harmony of the Evangelists, Matthew, Mark, Luke*. Trans. by William Pringle. Michigan: W. M. B. Eerdmans Publishing Co., 1949.

______. *Commentary on Holy Gospel of Jesus Christ according to John*. Trans. by William Pringle. Michigan: W. M. B. Eerdmans Publishing Co., 1949.

______. *Commentary on Epistles of Paul the Apostle to the Romans*. Trans. by J. Owen. Michigan: W. M. B. Eerdmans Publishing Co., 1949.

______. *Commentary on Hebrew and I and II Peter*. Trans. by J. Owen. Michigan: W. M. B. Eerdmans Publishing Co., 1949.

______. *Commentary on Epistles of Paul th the Galatians and Ephesians*. Trans. by William Pringle. Michigan: W. M. B. Eerdmans Publishing Co., 1949.

______. *Commentary on the book of the prophet Jeremiah*. Trans. by William Pringle. Michigan: W. M. B. Eerdmans Publishing Co., 1950.

______. *Commentary on Epistles to Timothy, Titus and Philemon*. Trans. by William Pringle. Michigan: W. M. B. Eerdmans Publishing Co., 1950.

______. *Commentary upon the Acts of the Apostles*. Trans. by William Pringle. Michigan: W. M. B. Eerdmans Publishing Co., 1949.

______. *Commentary on Epistles of Paul the Apostle to the Gorinthians*. Trans. by J. Owen. Michigan: W. M. B. Eerdmans Publishing Co., 1949.

______. *Commentary on the twelve minor prophet*. Trans. by J. Owen. Michigan: W. M. B. Eerdmans Publishing Co., 1950.

______. *Commentary on the book of the prophet Isaiah*. Trans. by J. Owen. Michigan: W. M. B. Eerdmans Publishing Co., 1953.

______. *Commentary on the book of the prophet Jeremiah*. Trans. by J. Owen. Michigan: W. M. B. Eerdmans Publishing Co., 1950.

______. *Commentary on the book of the Exodus*. Trans. by J. Owen. Michigan: W. M. B. Eerdmans Publishing Co., 1949.

______. *Commentary on the book of the Ezekiel*. Trans. by J. Owen. Michigan: W. M. B. Eerdmans Publishing Co., 1950.

연구서 및 관련 도서

Gustafson, James M. *Christ and moral life*. New York : Harper & Row, 1960.

Heick, W. Otto. *A History of Christian Thought*. Vol. 1. Philadelphia : Fortress Press, 1960.

Küng, Hans. *Rechtfrertegung*. Mit-Herausgegeben Von Johann Adam. Möhler-Institut pader bon. Joannes : Verlag Einsiedeln, 1975.

______. *Was ist Kirche?*. 이홍근 역. 『교회란 무엇인가?』. 왜관 : 분도출판사, 1978.

Kupisch, Karl. *Karl Barth*. 박종화 역. 『칼 바르트』. 서울 : 한국신학연구소, 1977.

Moltmann, Jürgen. *Der gekreuzigte Gott*. 김균진 역. 『십자가에 달리신 하나님』. 서울 : 한국신학연구소, 1979.

______. *Kirche in der kraft des Geistes*. 박복랑 역. 『성령의 능력 안에 있는 교회』. 서울 : 한국신학연구소, 1980.

______. *Theologie der Hoffnung*. 전경연, 박봉랑 공역. 『희망의 신학』. 서울 : 현대사상사, 1982.

Niesel, W. *Die Theologie Calvins*, 1957. 이종성 역. 『칼빈의 신학』. 서울 : 대한기독교서회, 1977.

Otto, Weber. *Karl Barth's Church dogmatics*. 김광식 역. 『칼 바르트의 교회교의학』. 서울 : 대한기독교서회, 1980.

Richard, Joseph L. *The spirituality of John Calvin*. Tran. by The Institutes of Calvinistic in Korea. Seoul : Korea Christian Culture, 1986.

Thielicke, Helmut. *Theological Ethics*. Philadelphia : Fortress Press, 1960.

김경재. "칼빈의 성령론". 한국신학대교수단 편, 『칼빈신학의 현대적 이해』. 서울 : 한국신학대출판부.

박봉랑. 『교의학방법론』. 서울 : 대한기독교출판사, 1992.

______. 『기독교의 비종교화』. 서울 : 범문사, 1980.

______. 『해방의 신학』. 서울 : 대한기독교출판사, 1991.

오영석. 『조직신학의 이해』. 서울 : 대한기독교서회, 1992.

주재용. "개혁교회 신앙의 한국교회". 『신학연구』 제34집.

황성규. "칼빈의 의인론". 한국신학대교수단 편, 『칼빈신학의 현대적 이해』. 서울 : 한국신학대출판부.